Tout l'Esprit
de
Jules
RENARD

Jean Delacour

Tout l'Esprit de Jules RENARD

4 200 Citations

Pensées, Paradoxes, Poèmes, Saynettes.
1 062 thèmes — 2 index.

FRANCE LOISIRS
123, Boulevard de Grenelle, Paris

Edition du Club France Loisirs, Paris
avec l'autorisation de Jacques Grancher, éditeur

ISBN 2-7242-3482-0

A ma Marguerite,

à qui revenait de droit
ce premier livre écrit jadis

Il me vient une idée de réunir mes notes en un volume, de les grouper en chapitres. Généralités : l'homme, la femme, les amants, les littérateurs, la ville, la campagne, la mer, le poète, l'ami du poète, Dieu, la politique. (Journal, 30/09/1889.)

Écrire un livre de Caractères selon La Bruyère, mais comiques. (Journal, 19/11/1900.)

Que ce petit livre soit le manuel des hommes qui se cherchent à tâtons ! Je leur donne une idée et une méthode. (Journal, 01/01/1897.)

« Maintenant, va, mon livre, où le hasard te mène. »

P. Verlaine, *Poèmes saturniens (Prologue).*

Préface

Ramener une œuvre aussi importante que celle de Jules Renard à 4 200 citations pourrait paraître une trahison envers lui si le rapprochement des textes choisis dans son Journal et sa Correspondance, ses Chroniques, Poèmes, Romans, Nouvelles et Pièces de théâtre, ne mettait mieux encore en lumière l'importance, l'éclectisme et l'originalité des thèmes, tout en en révélant l'unité profonde.

D'une œuvre d'une telle richesse se dégage vite alors ce qui place Jules Renard au rang des plus grands écrivains : un sens psychologique aigu et un don d'observation pénétrant servis par un style incomparable, aux brillantes fantaisies verbales. Ainsi nous apparaît-il à la fois grand homme de lettres, moraliste, témoin de lui-même et de son temps, portraitiste, peintre de la nature et des animaux, sans oublier l'humoriste !

Il est peu de littérateurs en effet auxquels s'applique mieux que pour Jules Renard la pensée de Buffon : « Le style, c'est l'homme. » *Le sien, nerveux, rythmé, syncopé souvent même, est admirablement servi par ces phrases brèves, directes, cursives où tous les mots portent, parce qu'irremplaçables en leur justesse. Il n'est pas jusqu'à son art des comparaisons savoureuses qui ne bénéficie d'un constant bonheur d'expression.*

Une telle maîtrise prouve combien Jules Renard avait une haute conception de sa profession d'homme de lettres. N'avoue-t-il pas d'ailleurs avoir été sans cesse torturé par le démon de la perfection ? Cet art d'écrire si exigeant qu'il préconise, il se l'est imposé sa vie durant et tout spécialement au théâtre, pour lequel il avait une passion mêlée d'effroi. C'est à son idéal intransigeant qu'il doit d'être devenu un classique.

Ouvert à toutes les spéculations de l'esprit, Jules Renard a su dégager des réflexions originales d'une telle clarté et concision qu'il s'égale à nos plus grands moralistes. Il a, comme La Rochefoucauld, une perception sans illusion de la condition humaine, qu'il nuance d'une indulgence amusée envers nos turpitudes et ridicules. N'a-t-il pas été en cela le meilleur modèle de ses observations ?

Peu d'hommes en effet se sont observés avec autant de lucidité, d'intransigeance et d'objectivité, tel qu'en témoigne son « Journal ». *Enfant mal aimé au visage ingrat, il s'est défoulé de ses complexes avec une agressivité qui cache mal sa soif d'aimer et d'être aimé. Seuls y répondront pleinement sa femme et ceux qui composent avec lui les « Trois Mousquetaires » de l'amitié : Tristan Bernard, Alfred Capus et Lucien Guitry.*

De se bien connaître a permis à Jules Renard de porter sur ses contemporains un jugement d'une telle acuité. Il partage avec La Bruyère ce don de portraitiste qui sait saisir sur le vif le ridicule d'un trait ou d'une expression de physionomie, tandis qu'il rivalise avec Daumier dans l'art de caricaturer une attitude et avec Forain dans celui d'esquisser un accoutrement. Ses charges n'en sont que plus irrésistibles.

Quand, par contre, Jules Renard peint la nature, c'est aux Impressionnistes qu'il emprunte d'instinct leur palette pour en traduire, en touches nerveuses et incisives, les nuances fugitives et changeantes. Le soleil et la lune, les nuages et le vent, la campagne et la mer, les fleurs et les fruits, doivent ainsi à la magie des mots d'épouser les tonalités de chaque heure du jour au fil des saisons.

Mais c'est dans l'évocation des animaux que Jules Renard atteint la plus grande maîtrise. Il lui suffit d'évoquer un oiseau pour que nous le voyions voler dans le ciel, un chat pour que nous l'entendions ronronner devant l'âtre, des bœufs pour qu'entre leur pelage et le pré naissent d'heureux contrastes de couleurs. Toulouse-Lautrec et Bonnard ont su illustrer ses textes par des dessins... animés de grâce, charme et esprit.

Voilà enfin prononcé le maître mot qui personnalise le mieux Jules Renard : l'Esprit. Non pas chez lui systématique, car tout humoriste est le plus souvent un pessimiste qui ne peut toujours s'en cacher, mais jaillissant dans son œuvre et principalement dans son « Journal » *en dialogues percutants, comparaisons savoureuses, facéties espiègles, boutades et paradoxes aussi cocasses qu'imprévus.*

Puissent donc ces 4200 citations être un reflet fidèle d'une œuvre d'exceptionnelle richesse tant par sa valeur littéraire que par sa diversité et son originalité d'inspiration. Qu'elles soient une révélation pour ceux qui ne connaissaient encore Jules Renard que de réputation, et qu'elles incitent le plus grand nombre à lire ou relire quelques-uns des plus beaux chefs-d'œuvre de la littérature française.

Références aux œuvres de Jules Renard

En dehors du « *Journal* » dont 3 700 citations ont été ici extraites, celles qui sont suivies d'un numéro se rapportent aux 31 titres ci-dessous figurant dans ses « *Œuvres Complètes* », Éd. Bernouard — 1925-1927, 25 volumes, 5 600 pages.

(1) *La Bigote* (théâtre)
(2) *Les Bucoliques*
(3) *Causeries et Conférences*
(4) *Chroniques*
(5) *Les Cloportes*
(6) *Coquecigrues*
(7) *Correspondance*
(8) *Le Cousin de Rose* (T)
(9) *Crime de Village*
(10) *Discours*
(11) *L'écornifleur*
(12) *Histoires naturelles*
(13) *Huit jours à la campagne*
(14) *La Lanterne sourde*
(15) *La Maîtresse* (T)
(16) *Monsieur Vernet* (T)
(17) *Mots d'écrits*
(18) *L'œil clair*
(19) *Le Pain de ménage*
(20) *Petites bruyères*
(21) *Le plaisir de rompre* (T)
(22) *Poésies inédites*
(23) *Poil de Carotte*
(24) *Poil de Carotte* (T)
(25) *Pointes sèches*
(26) *Propos littéraires*
(27) *Propos de Théâtre*
(28) *Ragotte*
(29) *La Semaine théâtrale*
(30) *Sourires pincés*
(31) *Le Vigneron dans la vigne*

Il s'agit, pour les œuvres suivies d'un (T), de son théâtre.

La ponctuation propre à Jules Renard a été scrupuleusement respectée.

A

ABEILLE

Du courage ! Tout le monde me dit que je travaille bien. J'espère à la fin du mois passer chef de rayon. (12)

Les ruches coiffées d'écuelles.

ACADÉMIE FRANÇAISE

L'Académie, le Commun des Immortels.

Si bien closes que soient ses portes, il est plus facile d'entrer à l'Académie que de n'y plus penser.

ACADÉMIE GONCOURT

Nous vous le déclarons : si l'Académie Goncourt n'est pas le refuge du talent, elle ne sera rien.

L'Académie Goncourt me paraît malade : ça a l'air d'une maison de retraite pour vieux amis.

Prix Goncourt. Un homme de vrai talent ne s'en préoccupera jamais. S'il y pense, tant mieux : c'est qu'il n'a pas de talent.

ACTEUR

Combien d'acteurs paraissent naturels parce qu'ils n'ont aucun talent.

Pour voir s'il est bon, un acteur regarde si son rôle est épais.

Quand un acteur est violent, le public ne résiste pas : il admire, non de conscience, mais de peur.

Le naturel subit d'un acteur qui s'interrompt, à une répétition, pour parler au souffleur.

(Acteur)

Il est bon à jouer des pièces : il serait meilleur à mettre dedans.

M. Galipaux. Il possède un joli talent de dessinateur-éclair. Il dessine dans l'espace le plus qu'il peut ses répliques. C'est de la diction illustrée ; ces petites images aériennes, très réussies, amusent l'œil et elles aident à feuilleter jusqu'au bout un vaudeville. (29)

ACTEUR (Déclamation d')

Guitry prodigieux. Il a de la maîtrise dans le bafouillage. Il peut, en mangeant, parler net, sans postillonner, avec ses petites croûtes de pain dans la bouche.

Meyer cherche sa phrase à l'extérieur. Il la répète cinq ou six fois de suite. Il la martèle contre son palais, la passe au laminoir de ses dents, et la redit telle quelle.

Les éclats de voix de De Max sur fond de monotonie qui éreinte.

Mounet-Sully. Il pousse des cris de phoque, ouvre une bouche de tube digestif, retrousse ses narines jusqu'à l'œil, qui est d'un blanc d'œuf effrayant.

ACTEUR (L'applaudissement et les)

Quand l'acteur est mauvais, l'applaudissement le rend pire.

Le mouvement de l'artiste qui se retire à pas doux, écoutant si on l'applaudit.

Je défie le public de ne pas applaudir quand un acteur donne un coup de poing sur la table. C'est de l'applaudissement par intimidation.

ACTIVITÉ

Un homme actif comme s'il était plusieurs.

La parole fait tourner la girouette, l'action immobilise.

On a beau faire : les gens vous demandent toujours :
— Qu'est-ce que vous faites ?

Un peu plus d'activité, et je ne ferais rien du tout.

ACTRICE

Quand une actrice n'est pas ridicule à fouetter, on dit qu'elle a du talent.

Il faut bien pardonner leurs caprices aux actrices de talent, car les pauvres femmes sans talent ont les mêmes.

(*Actrice*)

Il y a tout de même des actrices modestes. Si ! Si ! On en trouve qui disent : « Je sais bien que je n'ai aucun talent ! » Puis elles vous regardent. Elles attendent. Puis elles vous font l'énumération de tout ce qu'elles peuvent faire.

Avant que de confier à une actrice un rôle dans une pièce qu'on espère voir jouer cent fois, s'assurer d'abord qu'elle n'est pas enceinte.

Actrice. Elle se pâme, l'œil dans la salle, l'oreille chez le souffleur.

ADMIRATION

Qui ne sut jamais se borner ne sut jamais admirer.

Il y a des admirations qui exigent effort, que le doute suit de près.

Et d'autres admiraient parce qu'ils avaient peur de paraître ridicules.

Il est victime de ce vice littéraire qui consiste à se forcer à aimer ce qu'on se croit obligé d'admirer.

— Nous avons chacun nos admirateurs.
— Et ce sont quelquefois les mêmes.
— Hélas !

ADULTÈRE

Lettre. Il me faudrait un petit adultère, oui, une courte passionnette pour une femme charmante. Vous n'auriez pas ça, des fois, ou chez vos amis, ou chez vous ?

Il arrêtait une femme dans la rue et lui demandait :
— Et toi, combien de fois as-tu trompé ton mari ?

— Pauvre femme, je vous plains. L'adultère seul peut vous tirer de là.
— Mon ami...
— Mais pas avec moi.

ADVERSITÉ

Les épreuves que Dieu lui envoie ! On dirait qu'elle parle d'un photographe.

— Je suis dans de beaux draps ! Mais je m'y trouve bien.

Le monsieur qui nous dit : « Et moi aussi, j'ai passé par là ! » Imbécile ! Il fallait y rester : alors, tu m'intéresserais.

AFFAIRES (Gens d')

Chacun sait que celui qui dit : « Moi, je ne suis qu'un homme d'affaires », se fait rouler par celui qui dit : « Oh ! moi, je n'entends rien aux affaires. »

L'homme d'affaires. Il craint de n'être pas assez riche aux yeux de son prochain de droite, trop, aux yeux de son prochain de gauche.

Il n'a que des affaires d'or, qui ne rapportent pas un sou.

Grues. Femmes d'affaires. Elle a fait décorer deux de ses amants par le troisième.

ÂGE

Il n'avoue son âge que pour être mieux placé dans des banquets.

Il aurait vécu cent ans, comme tous ceux qui meurent à vingt ans.

— Je suis né un trente janvier.
— Vous ne paraissez pas votre âge.

— Qu'est-ce qu'on pourrait bien faire pour tes quarante ans ?
— Me rajeunir.

AGRÉABLE (Être)

Le plaisir d'être agréable aux gens que ça embête.

Ce n'est pas difficile d'être exquis de temps en temps : mais l'être toute sa vie... !

Elle s'acharne à faire plaisir aux gens : elle finit par ne plus avoir un seul ami.

AIMABLE

Quand je veux être aimable, le mot qui suit gâte le mot qui précède.

— Vous êtes trop aimable.
— Zut ! Le suis-je encore trop ?

AIR

L'air est si lourd qu'on l'avale plutôt qu'on ne le respire.

L'air, à midi, brûle et bourdonne.

Un air frais, transparent, où la lumière semble mouillée, lavée, trempée dans de l'eau très claire, et suspendue comme de fines gazes pour sécher, après une lessive de l'atmosphère.

Sortir pour fumer une cigarette d'air.

AIR (Avoir l')

Avec son air de rien, il est bon à tout.

Elle est joyeuse, tendre et jolie, active, légère, ailée. Elle a l'air de l'oiseau qui commence un nid quelque part.

Oui, j'aime à prendre un petit air penché.

AIR qu'ils ont

Capus, frileux dans sa robe de chambre, l'air d'un petit curé qui vient de coucher avec sa bonne d'âge canonique.

François de Curel et son air d'ours jovial.

Demolder, toujours l'air d'un petit bonhomme gonflé pour un voyage dans la lune.

Poète Ponge. Il a l'air d'une mouche qui, à chaque chiquenaude, retombe dans son bol de lait.

Willette, qui a l'air d'un oiseau élevé par des serpents.

ALCOOL

La bouteille de champagne pousse toute seule, et sort comme un soupir de digestion, se couche sur le côté, au bord du goulot, paresseusement. (6)

Ce Joseph, restaurateur, nous sert une fine, si chère qu'il ne peut pas la vendre et préfère l'offrir à ses amis.

ALOUETTE

L'alouette, ce n'est pas un oiseau de la terre. Elle vit au ciel et c'est le seul oiseau du ciel qui chante jusqu'à nous. (12)

L'air supérieur où chante l'alouette, où elle se grise de soleil jusqu'à tomber comme un plomb.

Des alouettes tournoyaient, puis s'élevaient lentes et grisollantes, sans doute en quête de miroirs. (6)

L'alouette monte, monte. Elle va se poser sur le bout du doigt de Dieu.

Des alouettes montaient vers le ciel, le long de ses rayons comme suspendues au bout de fils d'or qu'on pelotonne.

L'alouette retombe, ivre morte de s'être encore fourrée dans l'œil du soleil. (12)

Chant d'alouettes qui pétillaient dans l'air comme des flammes au bout de hauts cierges.

ALTRUISME

Les gens sont étonnants : ils veulent qu'on s'intéresse à eux !

Un travail de tuteur, de rameur de pois. On soutient la vie des autres : on ne vit pas.

Je ne pense à autrui qu'aux heures de paresse ; mais je suis paresseux.

Compter sur quelqu'un comme sur une planche pourrie.

AMANT

Connaître les femmes sans être amant, c'est comme si un pêcheur, ayant promené sa ligne sur la rivière, s'imaginait connaître les poissons.

Quand il boit avec un couple, il paye toujours, pour avoir l'air d'être l'amant.

— Des amants au pluriel ! Pourquoi faire ?
— Pour tromper plusieurs fois votre mari. (19)

AMBITION (Mon)

Les ailes me travaillent les épaules et la sagesse les gencives. (26)

Je ne renonce pas à l'ambition. C'est un feu qui brûle en moi, à l'étouffée, mais qui brûle toujours.

Je voudrais être un grand écrivain pour le dire avec des mots si exacts qu'ils ne paraîtraient pas trop naturels.

Je voudrais être un de ces grands hommes qui avaient peu de choses à dire, et qui l'ont dit en peu de mots.

ÂME

Élever son âme de temps en temps, comme on fait des haltères, par récréation et par hygiène. (11)

L'âme, comme une cornemuse, pleine d'un air joyeux.

Un frisson agite les petites feuilles de son âme.

Son âme prend du ventre.

Son âme : une bulle d'air dans une boule de chair.

Le corps est le bon chien de notre âme aveugle.

ÂME IMMORTELLE

Notre âme immortelle, pourquoi ? Et pourquoi pas celle des bêtes ? Quand les deux flammes sont éteintes, quelle différence y

(Âme immortelle)

a-t-il entre la flamme d'une pauvre chandelle et celle d'une belle lampe ?

Comment voulez-vous qu'une âme basse puisse être immortelle !

ÂME (Mon)

Mon âme est un vieux pot de chambre où dort un œil.

Mon âme, qui a glissé sur toutes les pentes, est déchirée et rapiécée comme un fond de vieille culotte.

A chaque instant il faut que je retrousse mon âme qui traîne.

J'ai l'âme comme un bouton fiévreux.

ÂME (Mes états d')

Légère comme une araignée, mon âme remonte à un fil.

J'ai parfois une âme de concierge sur sa porte.

A chaque instant je m'éteins et je me rallume. Mon âme est pleine de petits bouts d'allumettes.

De mes états d'âme, la neige est celui que je préfère.

Les heures où, comme un poisson dans l'eau, je me meus à l'aise dans l'infini.

Et les heures où, se sentant un peu serin, on aime les oiseaux.

AMERTUME

Des amertumes étouffantes se levaient en elle jusqu'au cerveau, comme, aux jours de cuisson, des colonnettes de fumée épaisse montent et salissent la voûte d'un four. (5)

Ma chère, vous êtes amère comme une orange dont il ne reste que l'écorce. (6)

AMIS (Harmonie entre)

Amis comme une paire d'ailes.

Camarades comme les deux draps qui font la paire.

Si ton ami boite du pied droit, boite du gauche, pour que votre amitié reste dans un équilibre harmonieux.

Réconciliation de deux amis. Tout à coup, le cœur, qui était sec, dur et racorni, s'amollit et se dilate, comme s'il tombait dans l'eau pure.

AMIS (Des)

En somme, on a toujours un « roulement » d'amis suffisant.

Certains amis n'ont d'agréable que leur virginité. Dès qu'on est marié avec eux, ça ne va plus.

Mon ami ne me sert qu'à embêter ceux de mes ennemis qui sont mes amis.

Il ne comptait que des amis... Il ne savait pas compter. (31)

AMIS (Comportement envers les)

Un ami ressemble à un habit. Il faut le quitter avant qu'il ne soit usé. Sans cela, c'est lui qui nous quitte.

La fréquente petite lâcheté de se mettre avec les autres contre un ami.

De la joie comme quand il pleut et qu'on sait un ami dehors.

Des jours où l'on conduirait avec plaisir tous ses amis à la gare.

L'ami qu'on rencontre et qu'on hésite à tutoyer et la petite comédie à deux qu'on joue.

Si nous étions un peu plus sévère pour nos amis, ils ne nous paraîtraient pas aussi méprisables quand ils deviennent nos ennemis.

AMIS (Mes)

Des amis et pas d'ami. Je ne fais rien pour eux. Ils sont peut-être la meilleure preuve que je suis quelqu'un. Ils ne peuvent m'aimer que par estime.

C'est un vieil ami, et j'ai pour lui une amitié pure, en ce sens qu'il n'y entre pas la moindre admiration.

A Tristan Bernard : Je vous connais comme une de mes deux poches, je me connais comme l'autre. J'ai presque le droit, par amitié, de tirer votre belle barbe noire.

AMITIÉ

L'amitié, un oiseau d'amour qui a la queue coupée.

Amitié, mariage de deux êtres qui ne peuvent pas coucher ensemble.

Avec une femme, l'amitié ne peut être que le clair de lune de l'amour.

Les terrains inexplorés, toujours en friche, des meilleures amitiés.

En amitié, j'adore ouvrir des noix nouvelles.

AMITIÉ (Valeur de l')

Il y a toujours un peu de vide dans les amitiés les plus pleines, comme dans les œufs.

Une amitié bonne pour deux ou trois raccommodements, pas plus.

Les lames de fond de l'amitié. Tout à coup on se sent séparés par la pleine mer.

Ils ont l'un pour l'autre une amitié de race, une amitié de bassets.

Une vieille amitié tempérée par une mutuelle rosserie.

AMITIÉ ET AMOUR

Entre un homme et une femme, l'amitié ne peut être que la passerelle qui mène à l'amour. (11)

En amitié, on progresse, en amour, on décroît. (18)

Comme c'est plus fin, des jalousies, des querelles d'amitié, que des querelles d'amour !

Notre vie, comme un lac d'amitié traversé par un courant d'amour.

C'est surtout en amitié que l'hypocrisie peut durer longtemps. En amour, il ne suffit pas de parler : il faut agir. L'amitié peut se passer longtemps de preuves.

Il faut à l'amitié six mois de congé par an pour renouveler son répertoire. L'amour devrait en faire autant.

AMOUR

Le droit, le devoir d'un homme qui n'aime plus une femme, c'est de courir en aimer une autre, immédiatement, afin que sur ce triste monde où elle est si rare, il ne se perde pas une parcelle de joie. (19)

L'amour tue l'intelligence. Le cerveau fait sablier avec le cœur. L'un ne se remplit que pour vider l'autre.

Ah ! ces hommes qui passent leur vie, comme des cerfs, à pleurer d'amour !

Un amour platonique où les âmes se tutoient.

AMOUREUX

Je t'aime comme cette phrase que j'ai faite en rêve, et que je ne peux plus retrouver.

(*Amoureux*)

Marinette a quelques cheveux blancs qui l'embellissent. J'en deviens amoureux comme si c'était votre femme. (7)

C'est l'heure de grazieller.

AMOUR (Acte d')

L'acte d'amour est aussi une délivrance. Après, on est tout de même un peu moins bête.

Bonne fille, elle donne des coups de poing comme si elle avait appris l'amour avec les béliers.

Elle m'a fait les honneurs de son corps.

Vous nous proposez la multiplication infinie du spasme. Mais, sacré mâtin ! Lisez donc, avant, une pensée de Pascal, et vous tournerez le dos à la plus belle fille les chairs nues.

Aimons-nous les uns sur les autres. (7)

ANCÊTRE

Il savait sa généalogie, connaissait ses aïeux sur le bout du doigt, mais il n'était pas sûr de son père.

Un vague hobereau montre un vieux portrait d'ancêtre qui fut aux Croisades.
— Laquelle ?
— Toutes, je pense.

ÂNE

Âne : lapin devenu grand. (12)

L'âne avec sa voix d'automobile.

L'âne au sabot d'enfant, modeste chanteur des rues.

L'âne qui essaie de pleurer, et qui ne peut que braire.

Un petit âne très digne, et qui avait l'air, sur la route, de marcher avec deux pattes seulement.

Quelle ménagère tire, par un treuil rouillé et criard, des pleins seaux d'eau de son puits ? C'est l'âne qui remonte et jette toute sa voix dehors, et brait jusqu'à extinction. (12)

Âne, mon frère âne, ne vois-tu rien venir ?

ANIMAUX à fourrure

La belette va, d'un fossé à l'autre, de trou en trou, donner ses leçons au cachet. (12)

(*Animaux à fourrure*)

Un bison tout sculpté, excepté les mâchoires qui remuent.

Le castor qui a l'air d'accoucher d'une semelle de soulier.

A l'affût, le loir paraît au grillage du colombier, comme une petite religieuse.

La loutre : ses joues de cuir bouilli.

Le petit ours noir des cocotiers, qui a sous le menton un collier de poils jaunes, comme un général.

Le yack fertile en laine comme un champ.

APPROBATION

De la discussion rien ne sort : c'est de la bonne entente que jaillit la lumière. Elle donne de l'éclat aux avis qui se ressemblent.

Sans me répondre d'une manière définitive, vous pouvez bien me dire « oui ».

Détestable quand il n'est pas de notre avis, Sarcey devient excellent dès qu'il dit comme nous.

J'abonde dans mon sens.

ARAIGNÉE

L'araignée, petite main noire et poilue crispée sur des cheveux. (12)

Araignées au vol captif.

Une araignée glisse sur un fil invisible comme si elle nageait dans l'air.

Le long baiser de l'araignée à la mouche.

Une araignée s'est pendue pour avoir défloré une fleur.

Les araignées dressent leurs petites tentes pour la nuit.

ARAIGNÉE (Toile d')

Les araignées ont fait leurs Sciences : fortes études en géométrie.

Les araignées dessinent des plans de villes capitales.

Aux poutres, avec un entêtement continu, les araignées accrochaient, toujours affamées, leurs délicats jeux de patience. (5)

Une araignée qui a tendu sa toile entre deux fils télégraphiques, pour écouter ce qu'on dit.

Quelques gouttes de rosée sur une toile d'araignée et voilà une rivière de diamants.

(*Araignée (Toile d')*)

Toiles d'araignée : les fées ont laissé leur cerceau aux buissons.

Cette toile d'araignée m'empêche de passer.

ARBRE

Des arbres fins comme des fumées.

Des arbres à gros ventre et à toute petite tête.

Un arbre tout muscles.

Des arbres à la peau rude de rhinocéros.

La moitié de l'écorce d'un arbre ignore le vent du nord.

Le bouleau, avec sa blouse de plâtrier.

Palmier, arbre absalonien, aux cheveux de poète idéaliste.

ARBRE (Agitation d')

Le dandinement d'ours des arbres.

Pas un souffle d'air, et les feuilles et les branches remuent comme si l'arbre les agitait lui-même.

L'arbre remue comme une girafe qui dort debout.

Un arbre qui se hausse au milieu des autres pour voir par-dessus le bois.

Cet arbre monte le coteau d'un seul pied.

Les bruits que fait par ses feuilles, ses insectes et ses oiseaux, tout arbre qui ne se méfie pas. (12)

ARBRES (Attitudes d')

L'arbre droit dans un bouclier d'écorce qui en fait le tour.

Deux arbres dans un pré. L'un d'eux fléchit le genou, en adoration perpétuelle devant l'autre.

Des arbres arrêtés sur le coteau, comme des dames qui, sous leurs ombrelles, regarderaient se coucher le soleil.

Un arbre au tronc mollement ployé semblait vouloir s'agenouiller.

L'arbre déchaussé, son pied et ses gros doigts tordus visibles au bord du fossé.

Il y a des arbres qui ont l'air méchant, qui ont l'air d'avoir des âmes tordues.

Réunion méditative d'arbres présidée par la lune.

ARBRE et ses branches

L'arbre ouvre ses branches. Il a des ailes du haut en bas.

L'arbre avec ses jeunes branches est beau comme un cerf immobile.

Branches si fines que les feuilles qui restent semblent suspendues autour de l'arbre.

Les arbres se tordent les branches.

L'arbre qui, sa branche tendue, semble me dire : « Je t'ordonne. »

L'arbre me dit, les bras croisés...

ARBRES, branches et oiseaux

La branche, un doigt qui se tend aux oiseaux.

La branche nue est une fronde qui lance un oiseau.

Un arbre porte, à branches tendues, une bande de pigeons.

Cette jolie idée de Saint-Pol Roux que les arbres échangent des oiseaux comme des paroles.

Il y a peut-être des branches où ne s'est jamais posé un oiseau.

ARBRE et son ombre

L'arbre. Son ombre lui fait une queue de paon qui ouvre et ferme ses yeux de soleil, selon que le vent agite leurs paupières, les feuilles.

L'ombre de l'arbre est à ses pieds comme une chemise légère.

Arbres si bas que les feuilles peuvent caresser leur ombre, par terre.

L'arbre fait traverser la route à son ombre.

L'arbre n'a jamais pu faire faire à son ombre un tour complet autour de lui.

Un soleil pâle, le soleil qu'il faut à des arbres qui n'ont pas encore de feuilles pour faire de l'ombre.

ARBRES et vent

Les arbres se passent l'un à l'autre le vent, qui est leur âme.

Arbres grêles de la route courbés sous le vent comme des vieillards sur leurs cannes.

Un vent ! tous les arbres, comme des désespérés, joignent leurs branches et se plaignent lugubrement.

(*Arbres et vent*)

Quel vent ! Que de saluts ! Tous les arbres s'inclinent. Il y a grande réception chez eux, ce soir.

La tempête. Des arbres tourbillonnent sur pied, les bras en l'air comme des soldats frappés au cœur.

ARBRES et pluie

Les arbres, d'abord immobiles, anxieux, s'agitent bientôt de joie sous la bonne pluie désaltérante.

Pluie. Les arbres marchent dans l'eau, branches retroussées.

Les arbres font le gros dos sous la pluie.

Les arbres ne reçoivent pas tous la pluie de la même façon. Les petits, leurs feuilles palpitent comme des oiseaux pris. D'autres se mettent en boule comme une femme relève ses jupes gonflées par-dessus sa tête. (2)

Un arbre emmailloté de neige, comme un doigt blessé.

ARBRES émondés

Des arbres taillés en caniche.

L'arbre ébranché, tout nu, montre le poing.

Les cicatrices fraîches de l'arbre émondé. L'osier sanguin.

Un de ces arbres vilainement taillés par l'homme, comme un mendiant avec tous ses moignons, et qu'on ne voudrait pas rencontrer au coin d'un bois.

ARBRES (Squelettes d')

Les arbres montrent leurs fibres les plus intimes.

Des arbres morts tendent leur fin squelette la nuit.

Un vieux tronc d'arbre d'où s'élève une branchette, comme un vieillard qui, au printemps, mettrait sa béquille sur son épaule.

ARC-EN-CIEL

Arc-en-ciel, l'écharpe du tonnerre.

L'Arc de Triomphe du paysan, c'est l'arc-en-ciel.

Je vois un arc-en-ciel là-bas. Je vais aller passer dessous.

ARCHITECTURE

Notre-Dame. Cette pierre vit, et c'est confondant. Oh ! la gravité, la sérénité de ce lieu qui lève deux doigts en l'air ! Et cette jolie sainte ! Et comme saint Denis tient sa tête, et non celle d'un autre !

(*Architecture*)

A Vézelay. Une ville morte ! plus que cent habitants ! autrefois dix mille. Tous ont eu la maladie de la pierre !

ARGENT

Si l'argent ne fait pas le bonheur, rendez-le !

Si plaie d'argent n'est pas mortelle, elle ne se ferme jamais.

Se contenter de peu d'argent, c'est aussi du talent.

Ce ne sont pas les rentes qui nous manquent : c'est l'argent de poche.

Il ne tient pas à son argent, il ne tient qu'à l'argent des autres.

ARGENT (Gagner de l')

Si, au lieu de gagner beaucoup d'argent pour vivre, nous tâchions de vivre avec peu d'argent ?

On a autant de peine et de mérite à se passer d'argent qu'à en gagner.

Il a gagné largement de quoi ne pas mourir de faim. (31)

Si je ne gagne pas d'argent, je tâcherai de tourner ça en vertu.

Je ne cherche qu'une chose : gagner assez de pain pour en donner aux oiseaux.

ARRÊT

Comme Berthe courait sur le trottoir, un chien s'est élancé d'une porte.
— J'ai tellement eu peur, dit-elle, que je me suis précipitée de m'arrêter. (2)

M. Bordet s'arrêta. Tel une toupie qui reçoit un coup de pied. (6)

ARRIVISME

Les ambitieux, les gens habiles, dont la curiosité vacille comme une flamme de gaz. Ils vont dans la rue toujours flairant. Ils sont à gifler.

Ce qui étonne le plus les jeunes gens, c'est le piston, le fameux piston qu'ils croyaient fondu au clair soleil de la République. (18)

— Qu'est-ce qu'un arriviste ?
— Un futur arrivé.

ARRIVISME (Conseils d')

Pour bien arriver, il faut d'abord arriver soi-même, puis, que les autres n'arrivent pas.

Pour arriver, il faut mettre de l'eau dans son vin jusqu'à ce qu'il n'y ait plus de vin.

Pour arriver, il faut faire ou des saletés, ou des chefs-d'œuvre. Êtes-vous plus capable des unes que des autres ?

Se pousser dans le monde avec une charrue devant soi.

L'ART

L'art : pousser un peu du doigt la vérité.

En tout, il faut faire œuvre d'art, qui échappe au public, mais qu'il subit.

Intéresse ! Intéresse ! Aucun prétexte d'art n'excuse d'embêter les gens.

Au sortir d'un Salon, n'importe quoi qui se laisse regarder fait plaisir.

ARTISTE

L'artiste, c'est un homme de talent qui croit toujours qu'il débute.

L'artiste est celui dont le goût va plus vite que le talent.

L'artiste est celui qui dédaigne les compliments, parce que personne ne le connaît comme il se connaît.

L'artiste, on le méprise un peu parce qu'il ne gagne pas d'argent, mais il a le tort, lui, d'en tirer vanité.

Tant qu'on n'aura pas trouvé moyen de photographier la gloire, l'artiste ne sera pas content.

ASPERGE

Une asperge à tête de serpent, de vipère.

L'asperge : mon petit doigt me dit tout. (12)

ASSASSINAT

L'assassin se lava les mains et fit des bulles de savon.

Comme il serait intéressant, ce fait divers où l'on voit trois personnes assassinées, si vous étiez du nombre, mon cher ami.

ATHÉISME

Laïc, c'est l'homme qui cherche Dieu sans cesse et ne le trouve jamais.

(*Athéisme*)

Il est beaucoup plus difficile de ne pas croire que de croire en Dieu, les vrais athées sont presque introuvables. (17)

ATTACHEMENT

Vous tenez à moi, à mon cœur, comme un coquillage au rocher.

— Femme, qu'est-ce qui vous attache à lui ?
— Le besoin qu'il a de moi.

ATTITUDES

Non contente de se peindre, par ses attitudes elle se sculpte.

Elle est ramassée en grenouille de jeu de tonneau. (11)

Elles étaient assises comme des meules de blé.

Les bustes se penchent en arrière, forment ensemble, autour de la table, un large calice évasé. (6)

— Quelle est, en votre présence, son attitude, sa tenue, quelles sont ses manières ?
— Celles d'une chaise sous sa housse. (21)

AU-DELÀ

L'autre monde serait bien beau, s'il était seulement de ce monde-ci rectifié.

Nous ne connaissons pas l'Au-delà parce que cette ignorance est la condition « sine qua non » de notre vie à nous. De même la glace ne peut connaître le feu qu'à la condition de fondre, de s'évanouir.

AUMÔNE

Bien qu'elle n'eut l'air que de le prêter, elle lui donna un sou.

Quand je donne un billet de cent francs, je donne le plus sale.

Charité hypocrite qui donne dix sous pour avoir vingt francs de gratitude.

AUTEUR

C'est un auteur qui ne « tire » pas à conséquence.

Non seulement les auteurs n'acceptent que des éloges, mais encore ils exigent qu'on ne dise que la vérité. Comment faire ? (18)

AUTOCRITIQUE

Je suis le Loti cantonal.

Il y a en moi un Musset auquel il n'a manqué que l'absinthe.

« Jules Renard, ce Maupassant de poche ».

AUTOMNE

L'automne. Le gui a fait son nid.

Tous les arbres ont l'air de grosses poules faisanes.

Automne. Tous les arbres s'agitent aux carreaux avec des gestes de serpents.

Que d'horizons l'automne découvre ! En été, une feuille nous cachait un monde. Au soleil de Novembre, l'œil s'emplit à éclater. (7)

Il faut être, ou se sentir, ou tout au moins, se croire un peu malade devant un beau paysage d'automne.

Et la nature qui fait, par ses jours d'octobre, des chefs-d'œuvre d'automne.

AUTOMOBILE

L'auto, l'ennui vertigineux.

Automobiles, des voitures qui semblent si emballées qu'elles ont perdu leurs chevaux.

AUTORITÉ

L'homme propose et la femme dispose.

De ce grand corps, il ne sortait que la voix de sa femme.

L'autorité obscure mais impressionnante d'un tailleur qui vous explique pourquoi un vêtement qui vous va très mal vous va très bien.

AUTRUCHE

Ses ailes de poussin, sa casquette de chef de gare responsable. (12)

L'autruche, à égale distance du bec et de ses pieds.

La selle de l'autruche relève.

AVARE

Un couple d'avares, jouant à quatre mains sur le même piano.

Elle ne donnerait pas l'eau où a cuit l'œuf. (28)

(*Avare*)

Le monsieur qui cherche toujours son porte-monnaie trop tard, et qui dit :
— C'est vilain, de me prendre ainsi en traître !

AVARICE

Toute cette grosse maison pour loger l'avarice ! Elle croit en Dieu comme à un vieux notaire qui garderait à son étude ses titres de propriété.

Seule, son avarice lui restait. Elle parcourut le village et, de porte en porte, tâcha de vendre la corde avec laquelle elle devait se pendre.

AVEUGLE

L'aveugle rend l'œil inutile.

Un aveugle, romancier, qui aux descriptions visuelles, substituerait des descriptions olfactives.

L'été, pour l'aveugle, c'est peut-être seulement quand bourdonnent les mouches.

Un borgne, c'est un infirme qui n'a droit qu'à un demi-chien.

Chien d'aveugle avec sa sébile comme une théière avec sa passoire.

AVIS

On finit toujours par mépriser ceux qui sont trop facilement de notre avis.

C'est une question de propreté : il faut changer d'avis comme de chemise.

Il passe son temps à chercher des gens du même avis que lui.

Philippe, un peu inquiet, réussit à être toujours de mon avis en répétant exactement mes phrases.

AZUR

L'azur couvre les toits de son léger tulle bleu.

Lambeaux d'azur que des nuages dévorants se disputent.

Dans un nuage qui avait la forme d'un cœur, un peu d'azur parut, qui semblait une petite fleur bleue.

B

BAGUE

La main gauche doit ignorer les bagues qu'on donne à la main droite.

Marinette, sur ton doigt de ménagère agile, la bague est comme un chardonneret au bout d'une branche.

Un monsieur dont une main était chargée de bagues si pesantes qu'il était obligé de la soutenir avec l'autre. (27)

BAIGNEUR

Elles ont l'air, les baigneuses, de poser, à petits coups, culotte dans la vague.

Les rochers sont habités par les baigneuses qui trouvent le moyen de sortir, en costume de bain, de leur peignoir, sans que le curieux y voie goutte de chair.

BAIN

Il avait fait peindre, au fond de son tub, des herbes, des feuilles mortes, des branches cassées, pour se donner l'illusion de se baigner « dans l'onde pure d'un ruisseau ».

C'est l'instant où les costumes (de bain) tordus pleurent les larmes de leurs corps. (11)

BAISER

Des baisers pareils à de petites bulles d'air.

Une bonne grosse qui donne de gros baisers, comme si elle collait des timbres.

(*Baiser*)

Nos lèvres se sont détachées comme deux moitiés d'un fruit mûr.

Baisers tantôt écrasés comme de larges gouttes d'une averse, tantôt petits, ronds, à peine sonores, ininterrompus, envolés des lèvres comme des bulles de savon d'un fétu de paille. (30)

BARBE

Une barbe rare, comme mangée par les grillons.

Un monsieur rouge avec une barbe de crevette.

On pouvait voir à travers sa barbe combien il eût été laid sans barbe.

Le mari a un collier, une fourrure, un boa de barbe. (11)

Ses poils de barbe brillent comme les rayons d'un soleil noir. (31)

Des glaçons dans ma barbe, comme un lustre. (7)

BARBES (Leurs)

Allais. Et sa figure fleurie, ses cheveux d'enfant, sa barbe de fauve apprivoisé pour serre parisienne.

Georges Hugo qui a fait couper sa barbe et sans doute l'a passée à Léon Daudet, que j'aperçois tout barbu...

Massiac : une barbe énorme, des joues qui dépassent la barbe. On s'attend à le voir soudain poser sur la table sa barbe, ses joues et sa tête.

Quel étalage de barbes ! Mounet-Sully a l'air d'avoir une serviette autour du cou. Guitry lui disant qu'il devrait en couper quelques centimètres, il s'offense comme si on lui parlait de lui couper autre chose.

Tierset, à la barbe bifide, comme celle d'un serpent. (4)

Tristan. Ce n'est pas une raison parce qu'il a une belle barbe, pour le traiter comme un bouc.

BAROMÈTRE

Un inventeur qui a trouvé un baromètre très agréable, dont l'aiguille marque le beau temps, même quand il fait mauvais.

Papa a maintenant de ces réponses :
— Votre baromètre est-il à la pluie, Monsieur Renard ?
— A la pluie ? Oh ! non, il n'est pas à la pluie ! Au contraire, il est dans la cuisine, bien au sec.

BAS-BLEU

Les femmes cherchent un féminin à « auteur » : il y a « bas-bleu ». C'est joli, et ça dit tout. A moins qu'elles n'aiment mieux « plagiaire » ou « écrivaine » : la rime n'aurait rien d'excessif.

Femme auteur abondante elle donne le bon à traire.

Femmes de lettres, leur laideur, leurs ridicules petits chapeaux verts. Les plus jeunes ont des allures masculines : on dirait qu'elles font de la littérature pour faire les hommes.

BASSIN

Le bassin, où le ciel s'est pris comme en un piège, semble un miroir classique ourlé d'un peu de neige. (25)

Des petites médailles d'écume blanche se détachent d'un bouillon et s'en vont à la dérive, au fil de l'eau. On dirait qu'une bouche d'ange qui s'amuse crache du haut du ciel dans le bassin.

BATEAU

Le bateau s'avance derrière ses voiles comme un guerrier antique derrière son bouclier.

Les trois-mâts : chênes mobiles, végétation de la mer.

Les grands cuirassés rouges au soleil comme des tuileries sur la mer.

Un plein bateau de pupilles, bérets bleus avec pompons rouges. Une moisson de bluets et de coquelicots.

BEAUTÉ

Tout est beau. Il faut parler d'un cochon comme d'une fleur.

Combien peu de gens savent regarder une belle chose sans la préoccupation spontanée de pouvoir dire : « J'ai vu quelque chose de beau ! »

Mendès. On a dit qu'il était beau comme un dieu. Personne n'a osé dire qu'il fût beau comme un homme.

BÉLIER et brebis

Un bélier extraordinaire : de la laine partout, la tête dans un bonnet de laine ; on ne voit que le bout du nez et le derrière, rose comme un sourire vertical.

Le bélier, la corne rabattue sur l'oreille.

La façon tranquille de se battre des animaux. Deux béliers furieux

(*Bélier et brebis*)

se donnent un coup de tête, se remettent à manger, puis, de nouveau, sans passion, se précipitent l'un sur l'autre.

La brebis mange avec un bruit de râpe, et le petit essaie de têter, plaintif, le museau enveloppé d'une gelée tremblante. (23)

BERGERONNETTE

La bergeronnette avec ses petites pattes en fil de laiton.

Attirées par la terre fraîchement retournée, les bergeronnettes battent de la queue toutes les mottes.

La bergeronnette, toujours dans nos jambes, familière, imprenable, elle nous défie, avec ses petits cris, de marcher sur sa queue. (12)

BÊTE (Être)

On peut changer, et rester absurde.

Il connaissait la jouissance de faire la bête avec un imbécile.

Il est sans malice, trop cul de plomb pour inventer la poudre. (23)

Grosse dame, grasse et fraîche, mais bête comme ses diamants.

Coppée qui porte sa culotte de peau jusque sur la figure.

Postérité ! Pourquoi les gens seraient-ils moins bêtes demain qu'aujourd'hui ?

BÊTISE

Bêtise humaine. « Humaine » est de trop : il n'y a que les hommes qui soient bêtes.

Je vous assure que la bêtise a une espèce d'odeur qui sort d'elle-même. L'homme n'a pas besoin de parler.

Pour faire certaines sottises, nous devons ressembler à un cocher qui a lâché les guides de ses chevaux et qui dort.

BÊTISES (Dire des)

On est pris de pitié pour quelqu'un qui dit une bêtise énorme comme pour celui qui tombe et qu'on relève en pouffant de rire.

Il semblait dormir en écoutant les femmes, mais parfois remuait ses longues oreilles de chasseur de bêtises.

BETTERAVE

La betterave coiffée comme un chef Peau-Rouge.

Les longues oreilles douces de la betterave. (28)

(*Betterave*)

On entasse les betteraves dans le champ. On les recouvre d'un lit de paille puis de terre. On dirait, de loin, des petites maisons récemment bâties, et deux ou trois betteraves, piquées au faîte, font les cheminées.

BIBLIOPHILIE

Léon Barthou, très bibliophile, c'est-à-dire un de ces hommes qui savent qu'il faut feuilleter un beau livre en tournant les pages par le haut, et qui a toujours les deux mains prêtes au cas où vous laisseriez tomber le livre qu'il vous fait admirer.

BIBLIOTHÈQUE

Dans ma bibliothèque tournante, les livres ont le mal de mer.

Il range ses livres par ordre alphabétique : je suis presque par terre.

Un livre qui, soudain, se trouve mal dans son rayon et tombe.

BIEN-ÊTRE

Qu'on serait bien, là, là encore, partout, excepté où nous sommes.

Où je serais bien ? Entre deux rayons d'armoire, sur une couche de linge blanc.

BIENFAISANCE

Il y a plus d'Œuvres pour l'enfance que d'enfants.

C'est la bienfaitrice du pays. Tout le monde se ferait un plaisir d'aller à son enterrement.

BIGOTE

Les bigotes ne communient qu'avec la Vierge par filtre spécial.

Bigotes. Elles couchent avec Dieu le dimanche et le trompent toute la semaine.

Une vieille bigote qui a l'air d'avoir quatre rangées de longues dents.

Bigotes. De la dévotion fermentée. Leur âme pue le cierge qui coule, l'encens, une odeur de derrière jamais lavé.

BLÉ

Les blés sont plus verts que les prés.

Un épi de blé de la taille de Toulouse-Lautrec.

(*Blé*)

Les gerbes faites de blé dispersé s'enlacent, réunies debout, s'embrassent de tous leurs épis.

Blé. Chaque tige s'est fait enlacer par une herbe.

Un épi :
— Regarde comme je dresse fièrement la tête !
— Ce n'est pas étonnant ! dit l'autre épi. Tu as perdu tes grains et tu as la tête vide.

BLÉ (Champ de)

Les blancheurs, presque l'écume des vagues de blé.

Les blés où les perdrix ont leurs petites rues.

Champs bariolés au printemps par les petites lances vertes des blés.

Les champs de blé rasés de frais, avec ces taches verdâtres qui rappellent le bleu de la joue des acteurs.

Le soleil étale le reste de son or sur un champ de blé.

BŒUF

Les bœufs poilus et bourrus avec leurs culottes de boue.

La queue de certains bœufs est comme une tresse de graisse cordelée.

Un bœuf énorme avec une marguerite à la bouche.

Ces énormes bœufs avec un tout petit trou de balle.

Un bœuf s'arrête, lit : « Attention au train », et s'éloigne.

BŒUFS (Cornes des)

Leurs cornes leur sortent du front comme deux belles pensées.

Le bœuf aux cornes tordues comme s'il s'était battu avec quelque Milon de Crotone.

Un bœuf. Ses cornes en points d'interrogation.

Les bœufs, la tête basse, font les cornes au soleil. (12)

BŒUFS dans le pré

Chaque matin, les bœufs poussent dans les prés comme des champignons.

Les bœufs traînent dans le pré, à pas lents, la herse légère de leur ombre. (12)

(*Bœufs dans le pré*)

Bœuf immobile sur le pré vert comme la boule blanche sur le billard.

Bœufs immobiles au pré, comme encore sous le joug.

Les bœufs blancs immobiles comme du linge étendu tout le long de la haie.

Bœufs blancs couchés dans le pré comme des moitiés d'œufs sur un plat d'oseille.

Le bœuf s'arrête et regarde, et le bœuf qui le suit lui lèche le derrière d'une langue paresseuse.

Des bœufs blancs se promènent comme s'ils cherchaient une place où dormir, bien enveloppés de leurs chemises blanches.

BOIRE

Philippe but sans cérémonie, comme un trou dans une terre sèche. (2)

Il a bien déjeuné, surtout il a bien bu et il fermente sur le banc, au soleil.

BOIS

Le bois aux mille pieds.

Tout le jour, le bois retient un peu de nuit avec ses branches.

C'est l'heure où le petit bois, comme une volière peinte, garde prisonniers les oiseaux. (2)

De loin, le bois n'est plus que de l'ombre, de près, que de la nuit.

Le vert sombre d'un bois quand un nuage passe sur lui.

Le bois las de frémir va prendre un bain de lune. (25)

Des bois où un garde de belle allure met une jarretière rouge aux arbres.

BOITER

Ceux qui marchent avec une jambe et une épaule.

Boiteuse : Comme si, à chaque instant, elle enfonçait dans l'eau.

Maël et Rameau, tous deux boiteux, mais d'une jambe différente, se complétaient fort bien pour danser la polka piquée.

— Docteur, voulez-vous me dire pourquoi je boite depuis dix minutes ?

— Mais mon ami, parce que depuis dix minutes vous marchez une jambe sur la chaussée et l'autre sur le trottoir.

BONHEUR

Le bonheur, c'est d'être heureux ; ce n'est pas de faire croire aux autres qu'on l'est.

Qu'importe le bonheur quand on n'a point la joie !

Si l'on bâtissait la maison du bonheur, la plus grande pièce en serait la salle d'attente.

Le bonheur n'envoie pas des billets de théâtre à l'abandon.

Elle passe ses journées à attendre le coup de sonnette du bonheur.

— Ainsi, cher Maître, vous avez trouvé le secret du bonheur ?
— Je m'en flatte. Voici comment je m'y prends.

J'ai connu le bonheur, mais ce n'est pas ce qui m'a rendu le plus heureux.

BONHEUR et autrui

Il faut être discret quand on parle de son bonheur, et l'avouer comme si l'on se confessait d'un vol.

Prends garde ! Le bonheur qui déborde éclabousse le voisin.

Le bonheur ne rend pas bon. C'est une remarque qu'on fait sur le bonheur des autres.

Le bonheur est aussi fait de sacrifice. Quand vous sacrifiez-vous ?

Il lui conseillait de lire chaque jour les faits divers pour se rendre compte de son bonheur.

BON SENS

Le bon sens qui dispense de savoir.

C'est le jeûne qui fait le saint, et la sobriété, l'homme de bon sens.

C'est qu'il vous manque un sens, me dira-t-on. La psychologie m'avait déjà dit que je n'en avais que cinq. Un sens de plus, un sens de moins, qu'importe, pourvu qu'il me reste le bon !

BON (Être)

Le difficile ce n'est pas tant d'être bon que de ne pas avoir honte de sa bonté.

C'est une duperie que de s'efforcer d'être bon. Il faut naître bon, ou ne s'en mêler jamais.

Comme on serait meilleur, sans la crainte d'être dupe !

— Vous êtes trop bon !
— Et vous, pas assez.

(Bon (Être))

Ne me demandez pas d'être bon : ne me demandez que d'agir comme si je l'étais.

BONNE (Être)

Oui, oui ! Elle est si bonne ! Et c'est pour faire croire qu'elle a le cœur sur les lèvres qu'elle se met du rouge.

Elle a une façon d'être bonne, très méchante.

BONTÉ

La bonté a quelque chose d'inassimilable. Le fruit a du goût, mais le noyau en est amer.

La bonté n'est pas naturelle : c'est le fruit pierreux de la raison, il faut se prendre par la peau des fesses pour se mener de force à la moindre bonne action.

Ma bonté est un clair de lune qui ne réchauffe pas.

Une bonté générale dont il me serait pénible de faire profiter quelqu'un.

BOUC

Il marche raide, les oreilles pointues, la queue courte... et laisse, sérieux, tomber un chapelet de crottes. (12)

Son odeur le précède. On ne le voit pas encore qu'elle est arrivée. Il marche raide, les oreilles pointues et la queue courte. (12)

Il rentre avec les moissonneurs et ses cornes fléchissantes de vieille, prennent peu à peu la courbe des faucilles. (12)

BOUCHE

La bouche, ce joli nid de la voix.

La bouche en suçoir. (11)

Une bouche si belle, que, vraiment, on ne saurait dire qu'elle a une lèvre inférieure.

Sa bouche est si petite que son accent paraît léger.

Sa bouche si petite qu'à sa première communion on avait été obligé de faire pour elle une hostie d'une rondeur spéciale. (5)

Little-Tich. Un tout petit trou de bouche qu'on lui a fait au dernier moment, parce qu'on s'est aperçu que, sans ça, il ne pourrait pas manger.

BOUCHE (Grande)

M. B. est si petit et il a une bouche si grande qu'il tiendrait aisément tout entier dans sa bouche.

Et Huret ouvre sa bouche de jeu de boules, et Calmette a de plus en plus l'air d'une quenelle molle qui ne demande qu'à rentrer dans cette bouche.

Mirbeau. Une gueule ouverte qui n'avale rien, des dents superbes qui ne mordent pas, du rouge au cœur, mais c'est une bordure d'andrinople.

Pris de bâillement, je faisais à la nature de grandes bouches rondes comme le trou du petit lapin.

BOUCHES (Diversités de)

La bouche pleine d'or qu'il aurait rapporté des colonies avec la tuberculose.

Une bouche un peu de travers, comme une cerise pendue à l'oreille.

Bernard et sa bouche comme une barque légère et rose dans le fleuve noir de sa barbe.

La bouche de Dubus : une bouche articulée pour fontaine publique, d'où sort un jet continu de paroles.

Un grain de beauté au coin de sa bouche, comme un œuf de vipère.

BOUILLOTTE

Les bouillottes grillonnent, rossignolent.

La bouillotte chante sa prière au feu.

Une bouillotte siffle comme un nez pris. (6)

Musique. Je dois au chantonnement d'une bouillotte mes plus douces rêveries.

BOURDON

Le bourdon en pourpoint de velours. Espagnol vain.

Un bourdon fait le bruit d'une fête.

BOURGEOIS

L'horreur des bourgeois est bourgeoise.

Les bourgeois, ce sont les autres.

Le bourgeois est celui qui n'a pas mes idées. (11)

BOURGEON

Le bourgeon va bientôt ouvrir ses ailes.

Chaque fois qu'on a le dos tourné, un bourgeon éclate.

Les arbres dont les bourgeons sourient déjà et, demain, éclateront de rire.

BOUTON D'OR

Boutons d'or : du soleil semé, monnaie de soleil.

Il y a des boutons d'or si nombreux dans les prés qu'ils éclairent la campagne mieux que ne fait le soleil. (7)

Parmi les boutons d'or, quelques pavots levaient leur tête rouge, rois pourprés de toute cette floraison jaune. (5)

BÛCHES

Le bois du foyer bouge comme si la chaleur y faisait remuer des bêtes endormies.

Le bois qui brûle par le milieu et écume par les bouts.

Les doigts de la flamme sous la bûche.

Deux tisons qui croisent leurs petits moignons.

S'attendrir sur une belle bûche qui brûle, rêver éperdument. Notre rêverie monte de nous, lente et légère comme la fumée.

BÛCHES (Flottage de)

C'est une foule de bêtes, vivantes et bizarres de simplicité : ni tête ni membres. Quelques-unes, lasses, se séparent du troupeau et se retirent dans un coin d'eau dormante où elles s'immobilisent peu à peu. D'autres se noient.

En voici une, lourde, imbibée comme une éponge, qui s'en lentement, levant à fleur d'eau un nez d'hippopotame.

Parfois, deux bûches sonnent comme quelqu'un qui marche avec des sabots.

C

CABINET

Il faut tout dire. Quand on a bien envie et qu'on peut — enfin ! — mettre son derrière sur la lunette, c'est une joie d'attendre encore un peu.

« Ma peur en me mariant, dit la jeune femme, et je n'en avais pas d'autres, c'était d'avoir besoin d'aller aux cabinets pendant la bénédiction nuptiale. »

Tout de même, l'homme qui en rencontre un autre sortant des cabinets ne lui tend pas franchement la main.

C'est peut-être aux cabinets que j'ai pris, par ennui, mes meilleures notes.

CADEAU

Peu habitué à recevoir, il voulait payer ce qu'on lui offrait.

Tu as dit à ta maîtresse dont c'était le jour de fête : « Viens avec moi acheter un cadeau ; tu m'empêcheras de faire des folies ». (31)

CAILLE

Caille. Quel joli nom ! C'est comme une petite explosion, un soupir qui monte des blés.

Une caille rase les luzernes et taille au cordeau la ligne droite de son vol. (12)

La caille joue avec les petits cailloux et croit qu'elle chante.

CALCUL

Des colonnes de chiffres à supporter une voûte. (5)

Il m'est encore plus difficile de régler mon humeur que mes comptes.

CALME

Une tempête de calme.

L'idéal du calme est dans un chat assis.

Un calme chaud où une grosse mouche fait un bruit de cloches.

CALVITIE

Chauve, quand il pose la main sur la pomme polie de sa tête, il se figure qu'il monte la première marche d'un escalier.

Chauve, quand il se découvre, on croit qu'il ôte sa chemise.

Il avait une petite perruche, grosse comme un serin, qui venait à table sur son épaule et lui mangeait les cheveux. C'est ainsi qu'il devint chauve.

Mes cheveux tombent, dit Robert. Les poux n'ont plus rien pour se retenir.

CAMPAGNE

Notre amour de la campagne : un feu de paille rural.

Toute la campagne est mûre. L'air a un petit goût sucré. L'herbe des prés est un peu cuite. Les fleurs s'effeuillent en papillons.

Devant moi, la campagne est d'un vert que je peux dire multicolore.

Je retourne à la campagne me refaire une timidité.

Brieux, des cheveux trop longs et un pantalon trop court. Il allait à la campagne, avec l'air d'en revenir.

CANARD

Canard : le pingouin de famille.

Le canard s'en va comme une théière.

Canard. On ne voit que sa tête verte et l'accroche-cœur du derrière. (12)

Beau canard à queue bouclée, gras et de riches couleurs, qui portait son bec comme une large barbe, au milieu du visage. (2)

Les canards dégringolèrent alors, titubant et se bousculant, et comme entraînés par les grosses boules de leurs jabots. (2)

La cane va la première, boitant des deux pattes. Le canard la suit, les pointes de ses ailes croisées sur le dos. (12)

Un canard, la tête penchée, dort, le coude sur l'eau.

CANARD (Cri du)

Canard, son cri pluvieux et rouillé. (2)

Et la voix des canards, c'est comme des cailloux qui rebondissent, l'hiver, sur la glace des canaux.

CANARD SAUVAGE

Canards au vol aigu et rapide, porteurs de dépêches aux roseaux.

Le léger labourage des canards sur l'eau.

Les canards viennent tous les soirs des étangs, s'abattent, et leur vol claque comme une voile.

Deux canards traversent les airs à des hauteurs où notre cruauté n'atteint pas.

CARACTÈRE

Un homme de caractère n'a pas bon caractère.

D'avoir bon caractère, ce n'est pas une vertu ; c'est le vice éternel.

Il est sorti de son caractère en emportant la clef.

Barrès, ce soir, était très en forme... de canne à bec de corbeau.

CASSE-TÊTE

C'est à se prendre la tête dans les mains et à la lui jeter à la figure.
— C'est à se casser la tête...
— Contre un édredon.

CÉLÉBRITÉ

On gagne à être connu. On perd à être trop connu.

Légèreté de n'être pas connu, dépit de ne pas être salué.

Un écrivain très connu l'année dernière.

Dans l'ombre d'un homme glorieux, il y a toujours une femme qui souffre.

Son renom n'est plus à faire : aussi, il ne fait plus rien.

Au contraire de César, je ne suis pas le premier dans mon village, et je ne suis rien à Rome.

Pousset, le brasseur célèbre, connu comme le houblon. (4)

CERISIER

Cerisiers. Brassards de fleurs à toutes les branches.

Branche de cerisier voluptueuse comme un bras de femme.

Vieil arbre en fleurs, presque en cheveux blancs.

CERVEAU

Les étoiles filantes du cerveau.

Il pourrait nous arriver de si merveilleuses aventures si le Bon Dieu s'y prêtait un peu ! Oh ! les délicieuses folies de notre cerveau !

Il faudrait avoir toujours le cerveau pur comme l'air par un temps froid.

Toujours casser la glace qui se reforme dans le cerveau. L'empêcher de geler.

Les heures où l'on a le cerveau bas de plafond.

Au travail, le difficile, c'est d'allumer la petite lampe du cerveau. Après, ça brûle tout seul.

Son cerveau semble brûlé par un petit feu de pauvre.

Le mouvement agite son cerveau comme un panier de crabes.

CERVEAU (Disposition de mon)

Mon cerveau clair comme un beau soir.

J'ai le cerveau comme une noix fraîche, et j'attends le coup de couteau qui doit l'ouvrir.

Mon cerveau est plus inconsistant qu'un royaume de nuages.

Mon cerveau devient comme une toile d'araignée : la vie n'y peut plus passer sans se faire prendre.

CERVELLE

Crâne dont la cervelle est un haricot.

J'ai vu, monsieur, sur une table de boucher, des cervelles pareilles à la vôtre.

CHAGRIN

Ne réveillez pas le chagrin qui dort.

Femme. Après un gros chagrin, elle se poudrerait aux tempes pour faire croire que ses cheveux ont blanchi.

CHALEUR

Journée chaude, où il semble qu'on va retirer la nature du four.

Quelle chaleur ! On se coucherait sur un jet d'eau. (6)

Il fait si lourd que pas une de mes feuilles de papier blanc ne remue.

Dieu ! qu'il fait chaud ! N'y a-t-il pas un lézard sur mon front ? (31)

CHAMEAU

Le chameau s'agenouille sur son cou.

Des chameaux qui allongent, de droite et de gauche, avec des ondulations de chenille, leur long cou chauve. (4)

CHAMPIGNON

Les champignons, gros boutons de la prairie.

Les champignons coiffés comme des coltineurs.

Les champignons sortent avec leur petit parapluie, trop tard.

CHAMPS

Les champs, comme des pièces rapportées au flanc des coteaux recousues avec leurs gros ourlets de haies.

De belles pièces de terre, bien retournées, allongées de tout leur long, les raies bien nettes, sur le coteau.

Les sillons, rides annuelles de la terre.

Un grain d'homme au milieu des champs.

CHANCE

La déveine est bien ennuyeuse, mais la veine a quelque chose d'humiliant.

Si nous pensions à toutes les veines que nous avons eues sans les mériter, nous n'oserions pas nous plaindre.

J'ai confiance dans mon étoile pâle.

CHANT

Je souffre à entendre une belle voix chanter des mots bêtes.

Georgette Leblanc. Une voix qui passe d'un étage à un autre sans se servir de marches. Le geste prolonge le chant. Il ne faut pas applaudir quand on n'entend plus rien : il faut suivre d'un œil douloureux le geste qui termine, qui se meurt là-bas, dans un lointain d'angoisse.

Le vieux. Son domestique lui met son pardessus. Un petit bruit sort des lèvres du monsieur.

— Monsieur souffre ? demande le domestique.

— Non ! je chante, répond le vieux.

CHAPEAU

Il choisit de ridicules chapeaux étroits pour se donner l'air d'avoir une forte tête.

(*Chapeau*)

Mirbeau a un petit chapeau plat, comme un homme bien décidé à ne pas avoir peur de Claretie.

Je donnerais cent petits chapeaux de Napoléon pour un bonnet de nuit de Balzac.

CHAPEAUX de femme

Un chapeau de paille pour clair de lune.

D'immenses chapeaux sombres comme des voûtes de cave. (5)

Il y avait devant moi une dame avec un chapeau énorme, mais, par compensation, le monsieur qui était à côté d'elle avait enlevé jusqu'à ses cheveux.

Une femme laide, et qui a sur son chapeau des fleurs rouges dont le soleil, qui en a fait pousser de bien étranges, n'a pas idée.

— Il ne se rappelle pas, comme moi, votre mari, certains chapeaux tout chargés de cerises rouges. Il fallait être vous, pour porter, avec une témérité de vieux révolutionnaire, un chapeau de cette crânerie. Il affolait les yeux. On ne voyait que vos cerises. Il devait donner l'envie aux gamins d'y grimper et de ne pas vous en laisser une. Et il vous allait ! (19)

Je crois que, voulant faire un chapeau, tu n'as réussi qu'un abat-jour. A présent, mets-le sur la lampe, sur le verre de la lampe. Il me semble que je jugerai mieux de l'effet.

CHARDON

Les chardons au poil de lapin.

Le chardon perd ses cheveux blancs.

Les vieux peignes sales des chardons.

CHARDONNERET

Chardonneret peint à vif.

Chardonneret : le bijou des oiseaux.

Les chardonnerets habillés comme des jockeys.

CHARIOT

Chariots de foin, comme des meubles en marche.

Chariot de foin, énorme bête qui se traîne à l'horizon.

Chariot : une belle chevelure de foin, avec la raie de la perche au milieu.

(*Chariot*)

Une charrette lourde et lente comme un bouvier.

Le bruit de mort d'un tombereau qui roule sur la terre gelée.

Un chariot aussi mal fichu que la Grande Ourse.

CHARRUE

L'aile d'une charrue, grand oiseau blessé que les chevaux traînent sur le flanc.

Dans le sol léger la charrue glisse comme un petit bateau.

CHASSE

Un jardin d'une vingtaine de mètres qu'il avait fait enclore de murs pour pouvoir y chasser en tout temps.

Elle écrit des articles contre la chasse, et elle porte un chapeau fait avec des pattes, des becs et des ailes d'oiseaux.

En enfer, je recevrai des coups de bec de toutes les perdrix que j'ai tuées.

CHASSEUR

Le chasseur tue toujours par adresse. De ses explications il résulte que c'est aussi par adresse qu'il manque.

Il y a des coins de paysages tristes où le chasseur, soudain, a peur de son fusil.

Quelquefois, le chasseur dit : « Pauvres bêtes ! » C'est quand il a tué tout son saoul.

Janvier de la Motte chasse en habit, pour user les vieux habits qu'il ne peut plus mettre dans le monde.

CHASTETÉ

J'ai la certitude qu'une humanité chaste serait infiniment supérieure.

Si la chasteté n'est pas une vertu, c'est sûrement une force.

Seuls, les hommes chastes se connaissent en amour.

Le vœu de chasteté n'est qu'un défi d'orgueil à la nature. (17)

CHAT

Le chat tâte l'univers avec sa patte.

L'ombre d'un chat a l'air d'un tigre.

(*Chat*)

Un chat qui n'a pas pu s'habituer à sa queue. Quand il la voit soudain, il se précipite sur elle et tourne comme un soleil gris.

La vitalité du chat qui a l'air si paresseux ! Ses oreilles et ses yeux travaillent toujours. Il a toujours en lui des bonds préparés et, sous lui, des griffes prêtes.

Le chat, c'est la vie des meubles.

De son ronronnement, le chat accompagne le tic-tac de l'horloge ; c'est toute la musique de la chambre.

CHAT assis

Le chat assis, la queue ramenée en crochet sur ses pattes.

Assis dans la boucle de sa queue, la tête bien fermée, comme un poing. (12)

Ses pattes sous le ventre comme dans un manchon.

Un chat de village, accroupi comme un sphinx de cheminée, attend.(5)

CHAT endormi

Un chat qui dort vingt-quatre heures sur vingt-quatre, c'est peut-être ce que Dieu a fait de plus réussi.

Le chat endormi, bien boutonné dans sa peau.

Une vie de chat qui dort. De temps en temps, un bond, un coup de griffe, un étirement qui a l'air d'être de l'action, puis le tout rentre dans son poil et se rendort.

Assis au coin du feu éteint, le chat continue de faire bouillir sa marmite.

CHÂTEAU

D'ici, le château est à embrasser la comtesse. (7)

Le château gardé par ses noirs sapins.

Le château ramène ses sapins autour de lui.

Temps triste, venteux, pluvieux. On imagine un château isolé où toute une famille bâille et se dit : « Si, encore, c'était la saison des grandes manœuvres ! Il nous viendrait peut-être des officiers. »

CHAUSSETTE

Des chaussettes et des souliers qui, manifestement, ne sont pas faites les unes pour les autres.

(*Chaussette*)

Et Gandillot avait raccourci son pantalon pour faire voir ses chaussettes irlandaises.

CHAUSSURE et lacets

Et voici Tristan qui doit être de plus en plus persuadé que personne n'est digne de lui dénouer les cordons de ses chaussures, car ils ne sont jamais noués.

Cordons de souliers. Il y en a toujours un qui grandit plus vite que l'autre.

Corne de chaussure : la pelle à souliers.

CHAUVE-SOURIS

La chauve-souris a toujours l'air de voler entre quatre murs.

La chauve-souris vole avec son parapluie.

Chauve-souris. Elles sont ivres, et, à chaque instant, tombent dans l'air comme dans un trou, mais elles n'en touchent pas le fond.

D'une aile baleinée et sans plumes, elles palpitent autour de nous. Du frôlement de leurs petits châles funèbres, elles cherchent des bougies à souffler. (12)

CHEF-D'ŒUVRE

Pour que le chef-d'œuvre vienne à vous, au moins faites-lui un signe.

Il ne faudrait produire que des chefs-d'œuvre et dédaigner la gloire, comme il faudrait gagner beaucoup d'argent pour vivre pauvre.

Il faudrait lire tous les chefs-d'œuvre pour les remettre au point. Des livres le deviennent pendant la bataille, comme en temps de guerre, on devient capitaine; mais, ensuite, que de révisions rapides !

Il ne faut pas dire qu'on relit les chefs-d'œuvre, car il semble toujours qu'on ne les a jamais lus.

Il n'y a pas de chefs-d'œuvre qui résistent à certains lecteurs.

N'est pas capable de faire des chefs-d'œuvre qui veut, et moi qui vous parle, je n'ai jamais pu en rater un. (7)

CHEMINÉE

Les cheminées qui reçoivent toute la pluie sur leur large coiffe de tôle, avec une résignation de religieuse.

(*Cheminée*)

Les cheminées, il y descend un tel vent que, si l'on met sa main sur le feu, la paume grille et le dos gèle.

Cheminées de Paris et leurs tétines.

Les Philippe se rassemblent au même foyer, comme un soufflet et une marmite.

CHEMINÉE (Garnitures de)

Chenet, le petit chien du foyer.

La pincette toute en jambes.

Les pincettes coiffées comme une religieuse.

De hautes pincettes rigides comme une pièce de Paul Hervieu.

Le soufflet qui écarte ses jambes raides et dont le ventre fait de gros plis. (2)

CHEMISE

Chemise dont les boutonnières, sans boutons, ont été faites par les rats.

Des chemises qui sèchent, la tête en bas, et qui dansent au vent sur leurs manches.

Il avait des manchettes en forme de faux cols. Il ne lui restait qu'à leur mettre une cravate.

CHÊNE

Les vieux chênes à la poitrine ouverte.

Dans ce pré, un chêne, si vieux que son tronc semble tout fait de terre, et que ses dernières branches y poussent comme des plantes étrangères.

Chêne. L'écorce, comme une vieille manche au coude, s'en était ça et là usée à la râpe des garrots que les chaleurs démangent. (6)

Tous les chênes sont historiques, mais quelques-uns ne s'en vantent pas.

Sous un chêne, je me sens druide.

CHENILLE

Quelque belle chenille, grasse, velue, fourrée, brune avec des points d'or et ses yeux noirs. (12)

Elle balance sa petite tête de chien nouveau-né. (12)

(*Chenille*)

Nids de chenilles : pareils à des flocons de laine que des branches auraient accrochés à des passages de moutons. (5)

CHENILLE (Contorsion de)

Elles se trémoussent et se froncent comme un épais sourcil. Et elles avalent péniblement chaque longueur de chemin par déglutition. (12)

Les chenilles, surprises, se recroquevillent en toutes sortes de lettres. (5)

Dans l'allée, la chenille se joue un petit air d'accordéon qu'on n'entend point. Aucun son ne sort.

Contorsions d'une grosse chenille assaillie par des fourmis qui grimpent sur elle, lui mangent la tête, le ventre, les yeux. Gulliver à Lilliput. Ses efforts désespérés : elle se bande et se détend comme un arc. Dernier spasme ; elle est morte.

CHEVAL

Mon cheval, une queue de rat et des incisives d'anglaise... (12)

Cheval hirsute, coiffé en souteneur.

Les chevaux, sans en perdre une bouchée, disent bonjour, de la queue, au soleil qui se couche.

Un cheval éclate de rire dans la nuit.

Quand un cheval pète en sortant de l'écurie, c'est un bon signe : il marchera bien.

CHEVAL en mouvement

Les chevaux courent dans le pré, hippocampes sur une mer verte.

Le cheval au sabot prétentieux buvait dans le ruisseau, comme une jolie femme qui lève le petit doigt.

Les grosses juments qui relèvent prétentieusement leurs sabots.

Un cheval, la nuit, frappe du pied dans la rivière comme s'il lavait et battait son linge.

CHEVAL domestiqué

Des chevaux de luxe dont la peau semble du même cuir que leurs guides et leurs harnais.

Au cheval d'une voiture de maître, je trouve un petit air de vanité.

Le cheval doit courir plus vite quand il se sent une jolie fille sur les reins.

(*Cheval domestiqué*)

C'est étonnant que ce cocher ne se trompe pas quelquefois au point de s'atteler à la place du cheval.

CHEVEUX

Des cheveux comme peuvent, seuls, en avoir au derrière quelques chevaux hors de service et particulièrement négligés.

Autre chevelu. Une tête de bois, d'un lion de ménagerie pauvre qu'on oublie de peigner.

Il avait plus de cheveux blancs que de cheveux.

CHEVEUX raides

Cheveux comme un hérisson pommadé.

Pour se faire une tête, il se coupait soigneusement les cheveux à tort et à travers, afin que çà et là une mèche droite et protestante pût indiquer l'excentricité de ses pensées et l'audace de ses intentions.

Des cheveux raides, impénétrables, qui lui rabattent les oreilles et semblent sortir de chez un mauvais perruquier.

Sa tête chevelue semblait une tête de loup pour nettoyer les araignées. (5)

CHEVEUX (Raie dans les)

Sur sa tête, une raie au beurre.

Tenez, pour simplifier, coupez-moi les cheveux tout à fait ras.
— Je comprends, dit le coiffeur. Voulez-vous que nous gardions la raie ? (31)

CHEVEUX de femme

Quand elle se peigne, elle lève ses cheveux haut en l'air, comme si elle voulait s'accrocher à une branche, à l'instar d'Absalon.

Rachilde. Notez deux touffes, griffes allongées de derrière la tête ou crêpes voilant les tambours de basque des tempes. (26)

Rachilde. Des cheveux coupés à la garçon, et raides, et va comme je te peigne.

CHEVEUX (Nattes et chignons)

Quand elle court, la lourde natte de ses cheveux lui bat les épaules, ainsi qu'un harnais d'emprunt. (11)

(*Cheveux (Nattes et chignons)*)

Sa lourde natte de cheveux, ça s'immobilise comme un reptile qui digère et s'endort. (11)

Marguerite tourne, suivie de sa natte comme d'une queue, sa robe vannant le sable de l'allée. (11)

Un chignon de femme comme une botte d'herbe tordue.

CHEVELURE d'ÉCRIVAINS

Mme Willy, traînant la corde à puits de ses cheveux.

Courteline, avec une serviette pleine de vieille littérature, et ses mèches de cheveux toujours collées comme des pinceaux.

Hervieu, peigné implacablement comme ses pièces.

Victor Hugo. Les cheveux indéracinables et casseurs de ciseaux, effroi des barbiers.

Mon ami Schwob, qui autrefois se rasait la tête jusqu'au sang, a maintenant sur le front un petit saule pleureur, noir, en cheveux plats.

CHÈVRE

La chèvre porte sa besace entre ses jambes.

La chèvre. Elle saute à la corde avec ses cornes.

Chèvres maigres : leurs pis lourd leur tirent la peau sur les os

CHIEN

Un chien : on dirait une descente de lit empaillée.

Le chien concasse sa voix de sabot.

Comme un chien qui s'interrompt d'aboyer pour se chercher une puce.

Le chien garde un morceau pour la bonne gueule.

Un chien si las qu'il ne sait quelle patte poser la première.

Quel vent ! les chiens fuient de travers, la queue presque en tête. (2)

Ne me soutenez pas — ce serait un blasphème —
Que le regard du chien semble toujour le même.

Et le chien se retire de la chienne comme une carotte rouge d'un pot de graisse.

CHIEN et son maître

Un monsieur, très chic, homme du monde des bêtes, tient gravement en laisse un chien bizarre qui tire sur son collier comme si son maître était aveugle et paralytique.

Un vieux petit chien, dans un paletot de grosse laine, essaie de faire une crotte. Le domestique a un sourire de mépris qui empêche les passants de se moquer de lui.

CHIROMANCIE et graphologie

Un doigt effilé est indice d'imagination : sucez donc votre doigt avec opiniâtreté.

Un doigt carré est signe de raison : écrasez-vous donc le pouce et nul n'osera vous contredire.

Quand on a l'index plus court que l'annulaire, on préfère la gloire à l'argent, mais, si l'on se suce l'index de façon à l'allonger, on a tout de même des chances de devenir riche.

Graphologie : mettez les points sur les i, et votre esprit deviendra net. Paraphez en coup de sabre, et vous n'aurez pas peur.

CHOUX

Les choux agitent leurs oreilles d'âne. (23)

Un vieux tripote un chou. La marchande l'attrape ; en effet, les mains du vieux doivent mettre des limaces au chou.

CHRISTIANISME

Christianisme : hérésie de la religion juive.

Une simple histoire du Christianisme étonnerait bien des croyants. Jésus-Christ n'a pas créé l'Église d'un bloc. Elle s'est bâtie après lui, et peu à peu.

Orgueilleuses cathédrales, clochers pointus sur des sommets. La religion du Christ n'a pas encore cherché à passer inaperçue.

Comme homme, le Christ est admirable. Comme Dieu, il laisse dire : « Quoi ! C'est tout ce qu'il a pu faire ? »

CIEL

Le ciel est plein d'yeux sanglants. Le ciel, la plus belle queue de paon du monde.

Le ciel est tout fleuri d'étoiles neuves.

Le ciel est rouge comme une tuilerie.

Dans un ciel de sombres rochers, de petites oasis d'un bleu clair.

(*Ciel*)

Un ciel barbouillé à l'horizon, comme une bouche, de framboises.

Levant la tête, on voyait là-haut, entre les hautes branches des arbres, couler une rivière de ciel.

Sous l'édredon du ciel gris qui se vide de toute sa neige. (23)

CIGOGNE

La cigogne sur sa tige de roseau.

Même à terre, la cigogne semble perchée.

Les cigognes crient comme des gamins qui sortent de classe.

Ces cigognes sont des grues. On les entendait de loin. Un long ruban envolé très haut, flottant, ondulé, en demi-cercle, irrégulier, comme agité par une main.

CILS

Les cils, ces pistils de la fleur des yeux.

A tes cils pendent comme des gouttes de sommeil.

Rachilde. Toujours des cils comme de gros et longs traits de plume à l'encre de Chine.

CIMETIÈRE

Les cimetières, ces musées de menhirs.

Au cimetière, les croix de pierre pareilles, de loin, à des fantômes blancs à toutes petites têtes.

Cimetière. C'est par les sapins que se plaignent les morts.

Et toujours le cimetière plein de petits orgueils : des pierres tombales énormes. Ce qu'on se fatigue pour les morts !

CIMETIÈRE et visiteurs

Quand elle va au cimetière, elle arrache un brin de mauvaise herbe sur la tombe de chaque mort qu'elle a connu. Elle les a tous connus.

Il est admirable que quelques-uns des vivants qui conduisent un mort au cimetière n'éprouvent pas le besoin, pendant qu'ils sont là, de se coucher, par lassitude, dans la tombe.

Une couronne arrive en retard. Toutes ses roses en sueur.

CLASSICISME

J'appelle « classiques » les gens qui ne faisaient pas encore de la littérature un métier ;

(*Classicisme*)

Classique, ça ne veut pas dire qu'on soit parfait ; ça veut dire qu'on réussit de belles choses de temps en temps.

Un classique est un écrivain qui veille sur la tradition.

Classique au propre sens du mot, c'est-à-dire expliqué dans les classes... (3)

Ah ! Faire des choses que les petits enfants recopieraient sur leurs cahiers ! C'est ça être classique.

CLOCHE

Cloche : jupe sonore.

Les cloches habitent l'air comme les oiseaux.

Et les trois coups lents d'une cloche, suivis de trois coups lents, suivis d'un carillon vif et léger.

Oh ! ce son grave des cloches, comme si les morts eux-mêmes tiraient la corde avec leurs pieds.

Le glas, un son pour chaque oreille de morts.

Des cloches qui exagèrent et qui ont l'air de jouer une polka.

CLOCHER

Clocher en bois et isolé sur une hauteur. On s'étonne que la foudre ne l'ait pas encore aperçu.

Clochers aigus sur une butte. Trop de confiance en Dieu, corrigée par la foudre.

Dans la brume, du clocher on ne voit que l'ombre. La brume se dissipe, et le clocher s'achève.

Le clocher se couche dans les vibrations de ses cloches.

COCHON

Cochon : une pomme de terre avec des oreilles.

Ces cochons criards comme si l'on ne faisait que les pincer.

Le cochon avec sa casquette toujours sur les yeux.

Le cochon jette ses oreilles en avant et les poursuit.

Le cochon, son derrière rose de jeune fille.

Heureux les cochons qui occupent toute leur tête à manger, et ne parlent qu'avec la queue !

COCHON (Ventre du)

Le cochon, ventru comme une groseille à maquereau. Tu caches, sous des oreilles en feuilles de betterave, des petits yeux cassis. (12)

Cochon rond comme un pot de moutarde.

Quel admirable animal que le cochon ! Il ne lui manque que de savoir faire lui-même son boudin.

L'intérieur d'un cochon est frais comme le trousseau d'une mariée. Quel beau linge que cette toile de graisse qui se détache !

COCU

« Cocu ». Chose étrange que ce petit mot n'ait pas de féminin.

— Mais ne pas être trompé par une femme qu'on n'aime pas, croyez-en ma longue expérience, ça ne fait pas le moindre plaisir.

Lui :
— Il me faudrait, pour faire un chef-d'œuvre, une belle aventure intime.
Elle :
— Eh ! bien, mon vieux, fais ton chef-d'œuvre : tu es cocu !

CŒUR ardent

Le trousseau des clefs de son cœur.

Le cœur bat comme un fléau dans une grange.

Le léger clapotement d'un cœur qui se fatigue.

Marinette. Par ses yeux on voit son cœur, un cœur rose. C'est du soleil.

En cet instant, si je frappais sur mon cœur, il rendrait un son argentin.

CŒUR sec

Son cœur est un cactus hérissé de poignards.

Impossible de voir au fond de mon cœur : la bougie s'y éteint faute d'air pur.

Il est sourd de l'oreille gauche : il n'entend pas du côté du cœur.

Leurs cœurs, des boules de cendres froides. (11)

Que ne fait-elle, de temps en temps, brûler dans son cœur du papier d'Armenie.

CŒUR délaissé

Son cœur délaissé, abandonné, isolé, plus seul qu'un as de cœur au milieu d'une carte à jouer.

Mon cœur était pour vous comme une chaudière brûlante, mais d'une main maladroite, vous avez renversé la vapeur.

— Il me marche sur le cœur, dit-elle.
— Pourquoi, dis-je, le laissez-vous traîner ?

La tempête ramasse son cœur comme un papier de rue. Elle le poisse, le chiffonne, le roule, le réduit. Et Poil de Carotte n'a bientôt plus qu'une boulette de cœur. (23)

COLÈRE

Il voulait se fâcher, et ne pouvait pas. Il se faisait l'effet de souffler, pour le gonfler, dans un ballon qui aurait eu un trou.

Mérimée. Oh ! le méchant ! Faisons-lui les cornes. Rageur et boudeur, ses colères ressemblent à celles d'un enfant auquel on donne un os de côtelette à ronger.

COLLECTIVISME

Nous voulons le collectivisme pour le château d'en face, pas pour notre petite maison de campagne. Nous la plaçons dans la zone neutre.

Collectivisme ! Le talent ne peut être qu'individuel.

COLONIE

Sales colonies ! Rien n'y pousse : on n'a encore pu y planter que le drapeau ! (7)

Je n'en voudrais pas pour un Empire Colonial.

COMIQUE

Châtrez « désopilant », et vous aurez « désolant ».

Un comique qui arrache le rire comme une dent.

« Commis voyageur », ils disent cela comme ils diraient « comique voyageur ».

COMMUNION

Première communion : les petits sont tous blessés au bras gauche.

Elle a fait ses Pâques ce matin avec sa chère cousine.
Oh ! Ces deux langues qui sont sorties en même temps de ces

(*Communion*)

deux vieilles bouches, ces deux langues obligées, une seconde, de se taire ! Il a dû se faire un silence dans l'église...

Quand ils communient, ils se font une raie pour l'amour de Dieu.

COMPARAISON

L'esprit n'accueille une idée qu'en lui donnant un corps ; de là les comparaisons.

Il devrait être interdit, sous peine d'amende et même de prison, à tout écrivain moderne, d'emprunter une comparaison à la mythologie, de parler de harpe, de lyre, de muse, de cygnes. Passe encore pour les cigognes.

COMPLIMENTS

Nous ne nous préoccupons que de recevoir des compliments ; si nous en donnons, c'est toujours pour en recevoir.

Le compliment est agréable comme un petit vent du nord, mais il ne fait pas marcher à la voile.

M. Vernet manie le compliment comme une demoiselle en bois sur une aire de grange. (11)

Dès qu'on le complimente, Guitry se met à raconter de petites histoires, avec des temps d'arrêt pour que le reste du compliment puisse se placer.

— Ça me fait plaisir, ce que vous me dites là.

— Alors je le regrette.

COMPLIMENTS (Mon plaisir des)

J'aime beaucoup les compliments. Je ne les provoque pas, mais je souffre quand on ne m'en fait pas, et, quand on m'en fait, j'arrête tout de suite : je ne laisse pas la personne s'étendre comme je voudrais.

Ah ! pour recevoir le compliment, je suis encore d'une jeunesse !...

J'ai l'air de chercher mes « roulées » de compliments.

Il est tombé sur moi à coups de compliments !

COMPRÉHENSION

Tout cela est clair comme... le néant. (7)

Il faut bien que je descende la crémaillère de mon esprit pour y suspendre votre pot-au-feu.

COMPRENDRE

Il faut avoir l'esprit large, se donner des airs de comprendre tout, et d'être universel comme une bonne à tout faire.

Elle disait : « Il ne faut pas être grand clerc de notaire pour comprendre. »

Je voudrais, moi aussi, tout comprendre et tout sentir. Mais, pauvre escargot que je suis, l'horizon infini, que je ne touche pas, blesse mes cornes.

CONCIERGE

Concierge : sursum cordon !

Tous ceux qui se disent propriétaires et ne sont que concierges !

CONCISION

Serrez, serrez votre porte-plume ! Le style se lâche. La phrase s'en va comme une folle. Vous allez verser.

Il y a des gens qui n'arrivent à la concision qu'avec une gomme à effacer : ils suppriment des mots nécessaires.

La postérité appartiendra aux écrivains secs, aux constipés.

CONCISION (Mon sens de la)

Je travaille en pleine pâte. Je ne délaie pas.

Je sens très bien que je vais être tourmenté par la phrase. Un jour arrivera où je ne pourrai plus écrire un seul mot.

J'arrive à la sécheresse idéale. Je n'ai plus besoin de décrire un arbre : il me suffit d'écrire son nom.

Des plus belles choses que j'admire, je dis encore que c'est trop long.

A mes pages courtes, il faudrait les caractères de l'Imprimerie Nationale.

CONFRÈRE

C'est étonnant comme, entre littérateurs, on peut s'aimer tout en se débinant !

Quand un confrère veut « se mettre en quatre », pour un confrère, il est à craindre qu'il ne le mette en pièces. (20)

Il nous vient souvent l'envie de changer notre famille naturelle contre une famille littéraire de notre choix, afin de pouvoir dire à tel auteur d'une page touchante : « Frère. »

(*Confrère*)

Et la plume vite prise pour écrire à l'auteur d'un livre qui m'enthousiasme, et la plume vite tombée à la première lettre de « mon cher Maître », parce que l'on n'ose pas, parce qu'on dédaigne, ou parce qu'on se dit : « A quoi bon ? ».

J'écris d'abord une lettre d'éloges à l'auteur qui m'envoie son livre, puis je lis son livre, et je tâche de justifier ma lettre.

CONSCIENCE

Esprit large et conscience large ! Ne dirait-on pas qu'il s'agit de poches profondes où l'on serre avec soin et commodément un tas de petites saletés.

Et, aussi, vous m'embêtez bien un peu, avec votre inconscient qui prend conscience.

Il parle de sa conscience comme d'un rond-de-cuir où il serait solidement assis.

Une de ces dames dont il vaut mieux interroger la concierge que la conscience.

Ma conscience m'éclaire mal. Il y a des moments comme ça où la conscience me charbonne.

CONSEIL

On est si heureux de donner un conseil à quelqu'un, qu'il peut arriver, après tout, qu'on le lui donne dans son intérêt.

On ne demande conseil que pour raconter ses ennuis.

CONSEIL MUNICIPAL

Au conseil municipal, ils s'entendent, parce qu'ils sont si ignorants qu'ils n'osent rien dire.

— Et vous, vous n'êtes donc pas du conseil municipal ?
— Oh ! non. Je me suis retiré de la politique.

Alors, on se prend la tête dans les mains, et, si elle n'était pas aussi solide, on la jetterait dans ce jeu de quilles humain et cocasse qui s'appelle conseil municipal.

CONVERSATION

La conversation est un jeu de sécateur, où chacun taille la voix du voisin aussitôt qu'elle pousse.

Parfois la conversation s'éteint comme une lampe. On remonte la

(*Conversation*)

mèche. Quelques idées jettent encore quelque éclat, mais il n'y a décidément plus d'huile. La parole meurt et la pensée s'endort.

Il prend à la conversation la part du lion.

De temps en temps, il glissait adroitement dans la conversation une idée que les autres développaient.

Ma conversation : obscure et chargée, sombre, avec des éclairs.

Il faut, pour soutenir une conversation en société, savoir une foule de choses inutiles. Il faut se tenir au courant. Je ne sais pas courir. Reste donc chez toi.

Cicéron disait ce matin à mon fils...

CONVERSATION (Leur)

Barrès cherchait des idées générales dans la conversation de Méténier qui lui disait merde.

Mallarmé. Il est tellement clair dans la conversation qu'après l'avoir lu on le trouve banal.

Mendès. Sa conversation était comme ses duels ; il battait l'air de phrases, il se découvrait. On n'osait pas, d'une réplique, le dégonfler.

Schwob. Il prenait son petit dé, son petit coton, ses petites aiguilles, et il cousait de plaisantes bavettes sous le nez des directeurs de journaux. Il contait bien et y prenait plaisir.

COQ

Le petit coq qui mène toute la bande comme un marquis.

Les coqs, à la voix gamine ou grave, jettent des commandements comme de jeunes ou de vieux chefs peaux-rouges.

Le coq du clocher fait trois petits tours, et reste.

Le coq tâche, sans y réussir, de faire sonner ses éperons.

Le coq se prodigue. Il pose çà et là, ses virgules d'amour, et triomphe, d'un ton aigu, de petits riens. (12)

Du coq, Guitry dit très joliment, qu'il court les mains dans ses poches.

COQ (Tête et plumes de)

La tête du coq éclate comme le bout d'une allumette.

Un coq coiffé comme on l'est à Polytechnique.

Les coqs à crête d'apoplectiques.

(*Coq (Tête et plumes de)*)

Un coq aux plumes flamboyantes comme un chef de Peaux-Rouges.

Le Coq. Sa queue a l'air d'un pan de manteau que relève une épée. (12)

COQ DE COMBAT

Les coqs de combat n'ont pas de crête : une épée à chaque patte, ils ont des jambes comme des pincettes.

D'invraisemblables petits coqs de combat. Ils n'ont que les os et la peau sur leur âme guerrière.

Deux coqs qui se battaient à mort parce qu'ils chantaient ensemble.

Combat de coqs : Ils se jettent l'un sur l'autre avec la mollesse d'un dialogue sans verve.

CORBEAU

Corbeau, l'accent grave sur le sillon. (12)

Les corbeaux sont comme des choux rouges gelés par l'hiver.

Les corbeaux font des grâces avec leurs ailes tendues comme les plis d'une jupe. (12)

Le corbeau : il revient de l'enterrement. Une pie en demi-deuil.

Corbeaux et pies, en tablier de misère, sont maîtres des champs.

La neige serait monotone si Dieu n'avait créé les corbeaux.

CORBEAU (Vol de)

Clignement d'ailes d'un corbeau dans l'azur.

Une troupe de corbeaux s'envole. Un seul reste, par on ne sait quelle misanthropie de corbeau qui ne veut pas suivre les autres.

Des ciseaux de son bec, le corbeau déchire la solide toile de l'air.

COU

Quel cou ! Quel cou ! Elle a trop de cordes à sa lyre.

Tous les plis de son cou s'étaient réunis pour ne former qu'un bourrelet unique, un épais rond de cuir où siégeait, de guingois, sa tête. (30)

Une jolie nuque, fine, quoiqu'un peu grasse, élégante comme une poule d'eau sous ses racines.

Il a mis à la mode les cous qui ont le goitre derrière.

(*Cou*)

Jaurès. Le cou court, juste de quoi mettre une petite cravate de collégien de province.

Guitry et son cou en poterie de cheminée sur les toits.

Alfred Valette. Boutonné jusqu'au col mince comme une raie d'écume. (26)

COUCHER AVEC

Un jeune homme, une jeune femme, si beaux qu'on se demande : « Pourquoi ne sont-ils pas couchés ? »

On est toujours étonné de voir un homme et une femme rester, côte à côte, silencieux et froids. On oublie qu'ils couchent peut-être ensemble.

Deux vieilles jeunes filles avec qui je ne voudrais pas coucher, tout habillées.

Elle disait : « Quoi ? Qu'y a-t-il ? Vous voulez coucher avec moi ? Faites ! Depuis que j'ai vu mourir mon pauvre frère, je ne refuse rien à personne. »

— Fantec, tu es trop grand, maintenant, pour coucher avec ta mère.
— Mais je suis moins grand que toi, papa !

COUCOU

Le coucou prononce le Q à l'allemande.

C'est l'heure où le coucou chante avec sa voix de poterie brute. (2)

Le coucou mystérieux, invisible, mal famé, chante. On l'accuse de déposer ses œufs, un par un, dans des nids de fauvette, de rouge-gorge, de rossignol, de bergeronnette, de grive ou de merle. Le beau crime ! Eh ! bien, et vous ? Avec ça que vous ne déposez jamais vos petits dans le lit des autres ! Mais vous n'avez pas la loyauté de chanter : « Coucou ! » pour prévenir.

COULEUVRE

Petite couleuvre qui donnait, au soleil, de fins coups de langue bifurquée.

En mars, la couleuvre sort de son trou, et, épuisée par l'effort, s'endort au soleil, luisante, toute neuve.

Couleuvre : de quel ventre est-elle tombée, cette colique ?(12)

COUP DE FOUDRE

Une femme qui, comme le laurier, préserve des coups de foudre.

Je ne connais que le coup de foudre antipathique. (30)

Je ne peux pas voir une jolie femme sans en être éperdument amoureux. C'est le coup de foudre, et ça dure le temps d'un coup de foudre : un éclair.

COURAGE

Le véritable courage consiste à être courageux précisément quand on ne l'est pas. (11)

On a des courages, non pas du courage.

N'écoutant que son courage, qui ne lui disait rien, il se garda d'intervenir.

Je n'ai plus cette belle jeunesse intrépide qui donne le courage de décourager les autres. (7)

COURIR

La voilà qui trotte comme une aiguille à secondes. (2)

Courir les pieds en l'air, d'une main agile. (26)

COURTISANE

Il rêve d'une courtisane virginale, dont le corps saurait tout, et qui aurait un lys dans le cerveau.

Sa belle-mère avait dit d'elle : « Elle fera envie à tous les hommes et à tous elle donnera satisfaction. » Ça se réalise. C'est le petit bordel. Et son mari se contente d'être un de ceux auxquels elle donne satisfaction.

Peu à peu, les femmes d'amour s'en allaient, celle-ci solitaire, celle-là tenant avec âpreté par le bras ou le pan de sa redingote un homme en proie aux démangeaisons.

COUTURE

L'aiguille travailleuse comme un bec de poule.

L'aiguille de la couturière picore comme une poule minutieuse.

Marinette, inséparable de son aiguille comme la poule de son bec.

Tellement insensible qu'elle cousait son doigt à l'étoffe.

CRABE

Les crabes, galets marchant.

Un crabe qui s'enfouit dans le sable comme un enfant frileux se cache sous ses draps.

CRÂNE

Des cheveux plats sur la peau bien tendue d'un crâne plein partout. (26)

Sa tête est moissonnée, rasée d'une manière prodigue. Avec une pince à épiler, on pourrait plutôt extraire de ce crâne une idée qu'un cheveu.

Un acteur est rasé comme une fesse, et cependant il a trouvé le moyen de se faire une raie.

CRÂNE (Leur)

Le crâne de Barrès, c'est un peu celui du corbeau d'Edgar Poë.

Capus. Sa petite tête montre son petit derrière luisant.

Gregh. Son crâne en dos d'âne. Il ressemble aux clowns américains qui, à chaque coup de hache qu'ils reçoivent sur la tête, se tordent de rire.

Rebell, rasé comme un derrière de prêtre.

Marcel Schwob, qui se fait maintenant une tête, laisse pousser ses cheveux, ceux qui veulent ; mais il a derrière le crâne une place nue. Il a l'air de sortir d'un de ses contes.

CRAPAUD

La peau du crapaud est belle comme certaines étoffes orientales.

Le nez d'une pierre, il vit sous cette pierre. Caché dans ce gîte sec, il l'occupe pleinement, gonflé comme une bourse d'avare. (12)

Le crapaud : il marche ventre à terre.

Le crapaud, et sa jambe de forçat qui a traîné un boulet à la patte.

Crapaud. Il fermentait et suintait, toutes ses verrues crevées. (12)

Se dresser comme un crapaud sur une pelle chaude.

Régulièrement s'échappe de lui une goutte sonore, une note triste. Elle ne semble pas venir de terre : on dirait plutôt la plainte d'un oiseau perché sur un arbre. C'est le gémissement obstiné de toute la campagne ruisselante de pluie.

CRAVATE

Des petits serpents de cravates.

Une large cravate matelassée où coucherait un pauvre sans domicile ! (26)

Cravates larges comme des tabliers, et si étonnamment colorées qu'à les regarder une fois, on n'en peut plus. (26)

CRÉDULITÉ

Heureux, qui coupe dans tous les ponts.

Je dirais à Philippe :
— Montez donc au village prévenir que je suis mort.
Il pourrait répondre :
— J'y vais, monsieur. Justement, j'ai besoin d'un litre de pétrole.

CRITIQUE

La critique est aisée et l'art est difficile, et les deux ne sont pas commodes.

Toute notre critique, c'est de reprocher à autrui de n'avoir pas les qualités que nous croyons avoir.

Critique. Sans les vains adjectifs qu'il faut chercher pour les artistes, ce ne serait pas embêtant.

C'est quelquefois la critique d'un critique que nous n'aimons pas qui nous fait aimer le livre critiqué.

Le féroce est tant à la mode qu'il en devient fade.

La critique est aisée, et le critique dans l'aisance.

La critique d'un sot te fait mal. Tu t'attristes,
Et tu confonds la gloire avec les journalistes.

CRITIQUES

Qu'est-ce qu'un critique ? Un lecteur qui fait des embarras.

Un critique, c'est un peu un soldat qui tire sur son régiment, ou qui passe du côté de l'ennemi, le public.

Le critique de livres ne lit plus que sa critique, que lui rédige son secrétaire.

Les critiques ont droit à de l'indulgence, qui parlent tout le temps des autres et dont on ne parle jamais.

Un monsieur donnait des poignées de mains sans rien dire : il ne recherchait que le nombre. On m'affirma que ce devait être le

(*Critiques*)

grand critique de la maison, et je compris qu'avec plus d'opiniâtreté que les autres il s'essayait déjà à de légers étranglements.

Comment les critiques peuvent-ils se regarder sans rire ? Mais ils sont si vaniteux qu'ils ne se regardent pas.

CRITIQUES et auteurs

Écrivez vingt livres. Un critique vous jugera en vingt lignes, et vous ne serez pas le plus fort.

On est toujours bon critique pour quelqu'un, pour l'auteur ou pour ses amis. (18)

Il y a des critiques qui ne parlent que des livres qu'on va faire.

Il ne recevait que des critiques et disait à chacun d'eux : « Vous seul me comprenez. »

— Oui, oui, vous avez raison, mais vous êtes bien plus difficile pour moi que pour vous.

— L'artiste : Oh ! Je ne lis jamais les journaux.

— Le critique : c'est bon à savoir ! Moi qui prenais des précautions. (18)

CUISINE

Des pigeons dans un jus si clair qu'ils ressemblent à des poules d'eau.

Un plat doré, chaud, un magnifique champ de purée de pommes de terre.

Le pot bout. Les pois y dansent comme une source.

Dix heures du matin, c'est l'heure grave et parfumée où le laurier, le céleri, le navet, le thym, le persil, le poireau, la gousse d'ail, l'oignon et les deux carottes coupées en quatre se réunissent dans le pot, autour de la tête de veau enveloppée d'un linge blanc.

Joseph découpe un canard comme s'il jouait du violon.

CUISINE (Ustensiles de)

La cruche, comme une petite bossue.

Le grill haut sur pattes comme un basset. (2)

La louche creuse et polie comme une calotte d'évêque.

Le panier à salade enflé comme une crinoline.

La poêle pendue comme un balancier immobile.

(*Cuisine (Ustensiles de)*)

La terrine rose comme une tête de veau.

La théière fume sa cigarette.

CURÉ

Un curé en robe avec des dessous de cocotte.

Ce gros parapluie que semble être un curé dans la campagne.

Le curé leur promet la lune au Paradis.

— Quand il reçoit chez lui la visite d'un curé, il accroche une petite croix à sa chaîne de montre. (1)

— Le curé !... C'est l'amant contre lequel on ne peut rien. Une femme renonce à un amant : jamais à son curé... Si ce n'est pas toujours le même, c'est toujours le curé. (1)

CYGNE

Les cygnes et la vaniteuse plomberie de leur col. (12)

Les beaux cygnes vêtus de leur seule neige.

Un cygne noir au bec rouge, comme un prêtre qui se pique le nez.

Beaux cygnes, le dos trop rond, le gouvernail de la queue un peu épais et lourd, mais blancs et gracieux tout de même, purs, sauf au bec rouge et aux pattes gantées de noir, comme les bras d'Yvette.

Le cygne au ventre plat semble glisser sur l'eau comme sur une table. Il faut le voir filer quand un petit canard lui flanque une poursuite.

Doucement, sur son léger coussin de plumes, le cygne glisse sur le bassin comme un traîneau blanc, de nuage en nuage. (12)

D

DANSE

Les valseurs tournant sur leurs gonds.

Et le maître de ballet qui suit l'étoile, geste pour geste, sourit, se penche, se hausse, arrondit les bras comme elle : on dirait de l'ombre de l'étoile, une ombre grotesque et en redingote.

Oh ! ce menuet dansé par Sarah, Réjane, Coquelin ! Ces grâces de grand-mères ! Ces sourires de vieux créneaux ! Et on les rappelle ! Et le public-roi s'écrie : « Ici, mes bouffons ! » Et les pauvres femmes semblent dire : « Nous te montrons notre derrière, mais si tu veux taper dessus, ne te gêne pas » !

Il m'est arrivé quelquefois de danser dans la vie, mais tout seul.

DÉCOLLETÉ

Des femmes si décolletées que, quand on leur parle d'un peu près, on croit parler à des femmes nues.

Grandement décolletée, elle se tait, comme d'autres éclatent de rire, à gorge déployée.

DÉCORATIONS

Avant d'avoir la croix, il faut la porter ! (18)

Si l'on se met à décorer les gens de talent, ça va devenir difficile de l'être. (7)

La blouse largement ouverte sur le col de sa jaquette où sont les palmes : cette violette écarterait un pré pour se faire voir.

Capus qui ne peut manquer de faire faire à sa boutonnière un petit tour de France. (7)

(*Décorations*)

Oui, je porte ma décoration. Il faut avoir le courage de ses faiblesses.

DÉFAUT

Quand on peut voir si nettement les défauts des autres, c'est qu'on les a.

Nous nous connaissons mieux qu'il n'y paraît, et nous nous gardons de reprocher à autrui les défauts que nous sommes sûrs d'avoir.

Restons chez nous : nous y sommes passables. Ne sortons pas : nos défauts nous attendent à la porte comme des mouches.

Même pas assez de défauts pour être intéressants.

J'ai mes défauts comme tout le monde ; seulement, je n'en tire aucun bénéfice.

Vous n'avez pas de défauts.
— Si, madame, mais je les garde pour l'intimité.

DÉGOÛT

Ce qui me déplaît me déplaît moins que ce qui me plaît ne me déplaît. (31)

Je ne réponds pas d'avoir du goût, mais j'ai le dégoût très sûr.

Les heures de dégoût où l'on ne veut plus avoir aucun rapport avec soi-même.

DÉJEUNER

Un déjeuner digne qu'à chaque plat on y change de table.

Déjeuner en musique de guêpes.

Un homme auquel on paye à déjeuner est un homme à moitié dompté.

— Je viens vous demander à déjeuner sans façon.
— C'est précisément ce que je vous reproche.

DEMOISELLE

La demoiselle : petit serpent volant.

Elle soigne son ophtalmie.
D'un bord à l'autre de la rivière, elle ne fait que tremper dans l'eau claire ses yeux gonflés.
Et elle grésille comme si elle volait à l'électricité. (12)

DENT

Ses dents, de fines rampes lumineuses. (2)

Dents dignes d'habiter le palais de sa bouche.

Une bouche petite, mais encore trop grande pour les dents jolies comme des fins de cigare.

On peut voir votre âge à vos dents, et vos dents ont l'âge d'or.

DÉPENSER

Économiser, non. Ne rien dépenser, oui.

Être prodigue, ce n'est pas si commode. Ceux qui recherchent ce défaut ne l'ont jamais.

Par la fenêtre, il jette l'argent à un ami sûr, qui le lui rend.

DERRIÈRE

Femme. C'était voluptueux, sa façon de fermer un tiroir avec son derrière.

Son derrière allait de droite à gauche comme un fiacre pris dans des rails.

Elle s'est éloignée, d'un petit derrière pincé.

En tombant, elle montra son derrière, et un chien qui passait se mit à hurler.

D'étonnantes femmes avec des derrières immondes, des derrières pendants d'hamadryas, qu'elles soutiennent avec leurs mains.

Après une scène que je lui fais, Philippe s'en va tout piteux, traînant son derrière dans sa culotte.

DÉSAGRÉABLE

Si gracieuse que les chats mêmes la détestaient.
Elle avait une façon d'en débarrasser une chaise et de leur donner du lait !... Ils le trouvaient aigre.

Ce sont des êtres qui donnent tout de suite envie de les flanquer à la porte.

Il y avait des gens qui semblaient garnis de furoncles.

Déplaisante comme un morceau de papier dans une prairie.

DÉSHABILLAGE

— Je me déshabille.
— C'est ce que tu as de mieux à défaire.

(*Déshabillage*)

— Vous ne pourriez pas me dire quelle était la couleur de ma robe, la première fois que vous m'avez vue !
— Oh ! madame, je pourrais même vous dire quelle était la couleur de votre pantalon.

— Quand tu me déshabilles, maman, dit Fantec, tu retournes mes habits en les tirant. On dirait que tu dépouilles un petit lièvre.

DÉSIRS

Ce qui nous fait le plus rougir sous nos cheveux grisonnants ou disparus, c'est la bassesse de certains désirs, que nous avons eus et dont le souvenir nous écœure.

Nous sommes las d'avoir fauché tant de désirs dans le beau champ de notre amour.

Comme avec des ciseaux, la femme, avec ses cuisses qui s'ouvrent, coupe les gerbes de nos désirs.

DETTE

Il s'endettait, dans la mesure de ses ressources.

Il me doit encore quinze francs.
— Vous savez qu'il est mort ?
— Oh ! alors, je lui en fais cadeau.

DEUIL

Deuil : le mensonge noir.

Ces gens qui ne se rappellent à notre souvenir que par des lettres de deuil.

Deuil. Le manque de douleur m'égare.

Pourquoi n'organise-t-on pas un système d'agents qui feraient nos visites de condoléance ? Les pleureurs de l'Antiquité étaient bien imaginés.

Quand son chien mourut, elle dit à son mari :
— Je t'aimerais tant si tu mettais un crêpe à ton chapeau, deux doigts seulement, un rien.

DEUIL (Être en)

C'est si ennuyeux le deuil ! A chaque instant, il faut se rappeler qu'on est triste.

Rire discret comme celui d'une personne qui vient de perdre quelqu'un de sa famille.

(*Deuil (Être en)*)

C'est comique, de voir dans la rue deux jeunes filles en grand deuil, deux sœurs, qui se mettent à rire comme des folles.

DIEU

Dieu, celui que tout le monde connaît, de nom.

Dieu. Encore un qui se croit immortel.

Un malin, Dieu, qui nous a ouvert l'espace sans nous donner des ailes.

Dieu, modeste, n'ose pas se vanter d'avoir créé le monde.

Très attaqué, Dieu se défend par le mépris, en ne répondant pas.

Dieu nous jette aux yeux de la poudre d'étoiles. Qu'y a-t-il derrière elles ? Rien.

DIEU (Existence de)

Qui n'a pas vu Dieu n'a rien vu.

Dieu. As-tu vu son front sous la calotte des cieux ?

Dieu, on s'en tire avec des métaphores plus ou moins divines.

Que Dieu soit incompréhensible, est-ce donc la plus forte raison pour qu'il existe ?

Faire une conférence sur Dieu, avec projections.

Quand elle comprit qu'elle ne verrait jamais Dieu, elle se mit à pleurer comme si elle avait perdu quelqu'un.

DIEU et nous

Dieu ne croit pas à notre Dieu.

Dieu n'a pas mal réussi la nature, mais il a raté l'homme.

Ce que Dieu, qui voit tout, doit s'amuser !

Parler à Dieu, et lui dire « mon vieux » : on s'entendrait très bien.

Quand nous faisons le malin avec Dieu, nous savons bien qu'il ne va pas s'amuser à nous foudroyer sur place.

L'espèce d'angoisse qu'on a en disant, en écrivant du mal de Dieu.

Papa, dit Fantec, est-ce vrai que le bon Dieu entend tout ?
— Oui, Fantec :
— Eh ! bien, il ne doit pas être sourd !

DINDE

Dindes, outres noires cachetées de rouge.

La gaucherie élancée des dindes.

La dinde au col sanglant.

Les dindes au teint d'anglaises constipées.

Les dindes noires comme les petites filles qui vont en classe, encapuchonnées.

La dinde vraiment éclate de rire comme les Indiens de Cooper.

DINDE (Comportement de la)

Elle glougloute d'orgueil. Fait claquer d'un coup sec l'éventail de sa queue. Toutes ses plumes sont empesées et les pointes de ses ailes raient le sol comme pour tracer la route qu'elle suit. (12)

Dindes voraces. Leurs crêtes bleuissaient de colère, et leurs demi-roues rayonnaient aussitôt avec une sorte de détonation et le plus brusque développement d'un éventail qui s'ouvre entre les doigts d'une dame nerveuse. (30)

Noble dinde. J'ai dû la vexer ; car le sang monte à sa tête. Des grappes de colère lui pendent au bec. Elle a une crise de rouge. (12)

DINDE (Accouplement de)

Le dinde mâle longtemps debout, les deux pattes sur le dos de la dinde qui attend et ne bouge pas. Quelquefois, ça glisse, il perd un peu l'équilibre mais il se rattrape. Enfin il se décide et rabat sa queue comme un éventail. C'est court. La dinde, qui s'éloigne, secoue ses plumes avec l'air de dire : « Qu'il est ennuyeux ! Il est bien avancé maintenant ! Quel plaisir trouve-t-il à ça ? »

DISCIPLE

Ce n'est pas tant difficile, de forcer l'admiration d'un jeune. Il faut connaître la serrure, c'est un tour de clef à donner.

Personne ne nous montre nos défauts comme un disciple.

J'arrive à l'âge où je peux comprendre à quel point j'embêtais mes maîtres (A. Daudet), quand j'allais les voir et que je ne leur parlais jamais d'eux.

DISCOURS

Discours où jamais une idée neuve n'est venue troubler la banalité d'un style officiel.

(*Discours*)

Ses discours sont des modèles du genre...
Du genre ennuyeux. (31)

DISCOURS FUNÈBRES

Et pourquoi n'applaudit-on pas à un discours funèbre ? Ça ne gênerait pas le mort, qui est sourd, et ça ferait bien plaisir à l'orateur qui ne sait que faire de ses feuilles manuscrites quand le voisin lui rend son chapeau.

Éloge funèbre. La moitié de ça lui aurait suffi de son vivant.

Il veut se faire enterrer civilement.
— Faudra-t-il parler sur la tombe ?
— Parlez si vous voulez ! Je ne vous répondrai pas.
Barrès a bien la voix qu'il faut quand on parle sur une tombe, avec des sonorités de caveaux et de corbeau.

DISCRÉTION

Il est dans la maison sur un doigt de pied.

— Monsieur, me dit le chef de bureau, je vais vous envoyer mon garçon.
— Oh ! Je ne voudrais pas déranger votre fils.

DISCUSSION

Chaque homme dans une discussion est nombreux comme les grains de sable de la mer.

Si d'une discussion pouvait sortir la moindre vérité, on discuterait moins. Rien d'assommant comme de s'entendre : on n'a plus rien à se dire.

De la discussion jaillit le sang.

DISCUSSIONS (Vanité des)

Les discussions les plus passionnées, il faudrait toujours les terminer par ces mots : « Et puis, nous allons bientôt mourir. »

Quant au sceptique « pourquoi » le « parce que », crédule a répondu, la discussion est close.

Discussion entre Raynaud et moi sur Mallarmé. Je dis « C'est stupide » il dit « C'est merveilleux ». Et cela ressemble à toutes les discussions littéraires.

DISTINCTION

La distinction consiste à avoir des bottines vernies si fines qu'on ne puisse pas marcher quand on les a aux pieds.

Une femme distinguée est une femme « qui ne se fait jamais remarquer », ou, plus simplement, une femme qu'on ne distingue pas. (20)

Et fine, distinguée de manières... Toujours un oiseau au bout du doigt.

Ils mangent une poire avec une fourchette, et ils doivent tout faire comme ça.

DISTRACTION

L'homme distrait. Il ne s'aperçut qu'il brûlait que lorsqu'il eut poussé un grand cri de douleur.

Elle est souvent dans la lune.
— Nous avons des chances de nous y rencontrer : j'y vais quelquefois.

DIVORCE

Le divorce est un moyen légal pour une femme de rester honnête sans passer sa vie avec le même homme. (4)

Le divorce serait inutile, si, le jour du mariage, au lieu de mettre l'anneau au doigt de sa femme, on le lui passait dans le nez. (31)

Un jeune homme qui va se marier demande le Code du mariage, puis, feuilletant le livre :
— Il y a bien le divorce, là-dedans, n'est-ce pas ?

DOIGT

Les doigts qui ont des fourmis plein la tête.

Ses doigts fins chiffonnent l'air, font des boulettes avec de l'air.

De gros doigts sans phalanges où les bagues seules marquent une division.

Des doigts rouges et pareils à des cigarettes mal roulées.

Ses doigts noueux comme un cou de poulet.

Depuis qu'il est au monde, son doigt est entré dans sa bouche, et il n'en sort que rarement, pour les grandes circonstances. (7)

Les longs doigts gothiques de Mademoiselle Moreno.

DOMESTICITÉ

A une bonne : « Vous dormez trop ma fille. Vous dormez autant que moi. »

— Vous me remerciez ?

— Non, dit la patronne, je vous flanque à la porte.

Cet ancien larbin dit d'un ton noble :

— Oh ! Je le connais très bien ! Il m'a même donné une poignée de main.

DON

Si tu as plusieurs cordes à ton arc, elles s'embrouilleront, et tu ne pourras plus viser.

Il sait tout faire. Il y a peut-être en lui une corporation d'ouvriers, et il n'arrive pas à donner l'impression d'un homme intelligent.

Je suis né avec deux ailes, dont une cassée.

DORMIR

Ronfler, c'est dormir tout haut.

Deux jeunes filles en blanc avec des ombrelles rouges. Qu'il ferait bon dormir entre ces deux pavots.

DOUCEUR

Un homme se console d'être doux en affirmant qu'il est féroce quand il s'y met.

Doux, comme une barbe d'enfant.

DOULEUR

Douleur endormie qui ronfle.

Il y a du cabotinage dans les pires douleurs.

Il vit de rien : une petite douleur occupe toute sa vie.

En quoi la douleur du bois qui brûle est-elle inférieure à celle du poisson hors de l'eau ?

DRÔLE

Quelle doit être la vie d'Allais ! Il faut qu'il garde toujours son air abruti, qu'il se laisse taper sur le ventre, qu'il écoute sans broncher les « Est-il rigolo, ce type-là ! » du premier venu.

Allais, qui a toujours l'air entre deux vins, pas drôle entre deux vies drôles, entre deux ahurissements.

(*Drôle*)

Capus. Rien n'est plus drôle que ce petit homme chauve qui a le nez toujours sale, des yeux « tâtonnants » de myope, point de front, et plus d'esprit, à lui seul, que Voltaire et nous tous.

— Il est drôle.

— Oui, c'est un drôle.

DUEL

Un duel, ça a l'air d'être la répétition générale d'un duel.

Oui, nous irons sur le pré. Je me battrai : il broutera.

Il n'avait besoin que de deux amis et d'un ennemi, juste ce qu'il faut pour se battre en duel.

Le duel des deux distraits. Comme ils ne s'étaient pas vus depuis longtemps et qu'ils avaient déjà oublié pourquoi ils allaient se battre, dès qu'ils s'aperçurent ils coururent l'un à l'autre, se demandèrent de leurs nouvelles, se serrèrent la main et, plantant là les témoins, ils s'éloignèrent à pas lents, en causant, et disparurent dans le bois.

E

EAU

La personnalité d'une goutte d'eau.

L'eau a à peine assez de force pour le voyage d'une feuille.

Un doigt d'eau pure dans un dé à coudre de cristal.

L'eau tremble : on dirait un lac de feuilles d'argent.

Comme une eau qui ne voudrait pas refléter.

Un diamant que les dames riches ne peuvent garder à l'oreille, c'est la goutte d'eau.

Une chute continue de gouttes d'eau fait, dans la vapeur des vitres, comme un petit sentier dans de la neige.

EAU et gel

L'eau gèlera avant cette nuit, comme une blessure qui se cicatrise.

Clair de lune. L'eau devint sérieuse, pincée et serra les lèvres. Elle gela, fut nette comme un miroir. Le ruisseau voulait prendre la lune entre ses bords.

La palpitation de l'eau sous la glace.

ÉCHEC

Nous sommes tous un peu ratés par quelque endroit.

Je compte un triomphe de plus à mon passif.

ÉCONOMIES

Quand elle avait pris ses belles résolutions d'économie, elle commençait tout de suite par refuser aux pauvres.

(*Économies*)

Les deux Dumas ont renversé la théorie de l'économie. C'est le père qui fut le prodigue, et le fils qui fut l'avare.

Moi aussi, je mets de l'argent de côté, mais pas du bon côté.

ÉCOUTER

Sachez écouter. Malheur à celui qui, sans la ramasser, laisse tomber une parole d'or de la bouche d'autrui.

Aujourd'hui on ne sait plus parler, parce qu'on ne sait plus écouter.

Coup d'œil, regard. Il devrait y avoir le coup d'oreille.

Quand on parle, on ne voit pas ceux qui écoutent : les mots font comme un rideau de feuillage ; le discours fini, écarté le feuillage, j'ai vu que les visages étaient frappés de stupeur.

— Madame, je vous écoute avec les oreilles du cœur, les oreillettes.

— N'oublie pas ce que tu lui as dit...
— Si tu crois que j'écoute ce que je lui dis !

— Que faites-vous en ce moment, Renard ?
— Madame, je viens de faire quelque chose de beau : je viens de vous écouter.

ÉCRIRE

Écrire, c'est une façon de parler sans être interrompu.

Et ces longues journées où l'on écrirait un livre tout entier.

On écrit toujours ses livres trop tôt.

Ah ! les belles choses qu'on écrirait si on n'avait pas de goût ! Mais voilà, le goût, c'est toute la littérature française.

ÉCRIRE (Art d')

Avant d'écrire, se mettre sous pression.

Il faut écrire comme on parle, si on parle bien.

Écrire à la manière dont Rodin sculpte.

Que la main qui écrit ignore toujours l'œil qui lit !

Mets un peu de lune dans ce que tu écris.

Ne pas écrire trop serré. Il faut aider le public avec de petites phrases banales. Daudet savait les intercaler.

Pleure ! Mais il ne faut pas qu'une seule de tes larmes coule jusqu'au bout de ta plume et se mêle à ton encre.

ÉCRIRE (Manière d')

Le secret d'écrire aujourd'hui, c'est de se méfier des mots dont le sens est usé et d'une syntaxe qu'on a mal apprise.

Vous avez une plume qui prend le détail comme une pince. Plus tard, elle fera un choix, mais ce qui sera pris n'en sera que mieux gardé.

Il écrit à vol d'oiseau.

Et c'est écrit avec une allumette, mais comment dire ? avec une allumette enflammée, une allumette qui, à chaque instant, prend feu et illumine tout ce gribouillage.

Goncourt échafaudant sur des chenets Louis XV, avec des pincettes Louis XVI, des bûches fumeuses qui retombaient toujours.

Hervieu fait des efforts désespérés pour mal écrire : il y arrive.

ÉCRIRE (Ma façon d')

J'écris avec une plume à poil.

Je n'écris que d'après nature et j'essuie mes plumes sur un caniche vivant. (31)

J'ai la maladie de la prose comme j'ai eu celle du vers. Après, en quoi vais-je écrire ?

Je ne peux plus écrire qu'avec un couteau sur l'écorce des chênes.

Ils me félicitent de ne pas trop écrire. Bientôt, ils me féliciteront de ne pas écrire du tout.

ÉCRIVAIN

Il y a de bons écrivains et les grands.

Soyons les bons

C'est étonnant que toutes les célébrités littéraires gagnent à être vues en caricature.

Pour que je trouve quelque talent aux écrivains étrangers, il faut qu'ils en aient le double.

C'est étonnant comme ces écrivains célibataires qui n'ont pas d'enfants s'occupent du problème de l'enfant !

La crampe des écrivains paresseux.

Bien connu sur le pavé de la littérature.

ÉCUREUIL

Un écureuil fin comme une moustache d'homme roux.

L'écureuil, son murmure à bouche fermée.

L'écureuil. Leste allumeur de l'automne, il pose et repose sur les feuilles la petite torche de sa queue. (12)

L'écureuil. Du panache ! du panache ! Oui, sans doute ; mais, mon petit ami, ce n'est pas là que ça se met. (12)

ÉDITEUR

Les éditeurs si gentils quand on ne publie pas chez eux.

— Avez-vous déjà donné quelque chose aux éditeurs ?
— Oui, mais ils me l'ont bien rendu.

ÉGALITÉ

L'égalité, c'est de l'envie. Oui, mais nous la supprimerons en supprimant nos raisons d'orgueil.

Les hommes naissent égaux. Dès le lendemain, ils ne le sont plus.

ÉGLISE

Une église qui étouffe le village dans son ombre.

Le suisse avec sa chaîne de sûreté.

L'église, c'est un peu leur Guignol.

ÉGOCENTRISME (Mon)

J'aime mieux m'occuper de moi que des autres, dans la crainte qu'ils ne disent : « De quoi se mêle-t-il, celui-là. »

J'ai l'air d'une araignée au centre de mon moi.

Mettre à l'air mon « moi » qui sent le renfermé.

Je ramène tout à moi, mais il y a des choses dont je ne veux rien faire.

Dieu que j'ai chaud !
— Et moi, donc !
— Mais vous me parlez toujours de vous ! Vous, qu'est-ce que ça me fait ?

ÉGOÏSME

Égoïsme. Ramener tout à soi, même Dieu.

Notre égoïsme va si loin que nous croyons, en temps d'orage, qu'il ne tonne que pour nous.

(*Égoïsme*)

La rivière ne coulerait peut-être plus si elle savait que le ruisseau se dessèche, mais l'homme mange au milieu d'hommes qui crèvent de faim.

ÉGOÏSME (Mon)

Quand je ne pense pas à moi, c'est que je ne pense à personne.

Je ne suis qu'un phénix d'égoïsme, solitaire, haut perché, je me nourris de mes parfums.

Égoïste ? Oui, ma vie m'intéresse plus que celle de Jules César, et elle touche à tant d'autres vies, comme un pré au milieu des prés.

Quand vous me dites que je suis égoïste, c'est comme si vous me disiez que je suis bien « moi ».

ÉGOÏSTE

Il n'y a qu'une façon d'être un peu moins égoïste que les autres : c'est d'avouer son égoïsme.

Seuls, les égoïstes croient à l'ingratitude. (7)

Le véritable égoïste accepte même que les autres soient heureux, s'ils le sont à cause de lui.

De voir les autres égoïstes, cela nous stupéfie, comme si nous seuls avions le droit de l'être et l'ardeur de vivre.

ÉLÉGANCE

Cette petite fille qui ne veut pas monter dans un omnibus dont la couleur ne va pas avec sa toilette.

Femme en grande toilette, c'est-à-dire toute nue.

Allais en habit a l'air d'être son propre patron.

Ragote, élégante comme un œuf sur son gros bout.

ÉLÉPHANT

L'éléphant avec ses grands sabres d'ivoire aux dents, dont le nez traîne, et qui se mouche sur son ventre, dans ses jambes.

L'éléphant disparaît presque dans le sac d'une culotte trop remontée, et, derrière, un petit bout de corde pend. (12)

Les éléphants s'approchent l'un de l'autre, croisent leurs trompes et se soufflent dans la bouche comme pour se demander s'ils n'ont pas l'haleine trop forte. Leur soupir gonflerait une voile. Puis ils dansent, plutôt de la tête que des pieds, et toute cette masse molle, et ce petit œil comme un œillet dans un gros sac.

ÉLOGE

Quand il fait l'éloge de quelqu'un, il lui semble qu'il se dénigre un peu.

Il y a des éloges qui sont des critiques. Presque toutes les critiques sont des éloges.

On place ses éloges comme on place de l'argent pour qu'ils nous soient rendus avec les intérêts.

ÉLOQUENCE

Parler en public. Il n'est pas nécessaire de penser ce qu'on dit, mais il faut penser à ce qu'on dit : c'est plus difficile.

Jaurès n'a pas les bras longs — mais très utiles. Le doigt en l'air montre l'idéal. Les poings pleins d'idées vont se choquer quelquefois, le bras tout entier écarte des choses, ou décrit la parabole du balai.

De sa bouche, il sortait de la fumée sonore.

Il arrive que je me sente Démosthène — avec ses cailloux dans la bouche.

EMBRASSER (S')

Revu Rostand. Il m'embrasse comme les curés, et j'ai l'impression de quelque chose de rond comme un fromage de Hollande.

La grande femme dit à son tout petit mari :
— Dépêche-toi de finir, puis tu monteras m'embrasser.

EMBRASSER (S') beaucoup

Ils s'embrassaient comme deux coqs.

Elle et lui se tiennent embrassés comme les deux boules du fermoir d'un porte-monnaie.

Trois ans. Qui peut dire toutes les fois.
Que nous nous embrassâmes !
Il nous fallut, ainsi qu'un écheveau de laine.
Chacun prenant son cœur, sa chair et son haleine,
Démêler nos deux âmes.

EMPRUNT

D'un vieux parapluie, nous disons que c'est un ami qui nous l'a prêté.

Fiste tape avec tant d'habileté, qu'on se réconcilie avec lui pour lui prêter de l'argent. (4)

(*Emprunt*)

— Pouvez-vous me prêter cent francs ?
— Pourquoi ne les demandez-vous pas à votre meilleur ami ?
— C'est un mufle.
— Mais, moi aussi, dit le prêteur, je suis un mufle !

ÉNERGIE

A chaque instant, relever mon énergie comme une botte.

Barrès est professeur d'énergie comme on l'est de philosophie : ça n'oblige pas à être sage.

ENFANT

Enfant joyeux comme une petite cage d'oiseaux.

Pierre ne sait guère que têter et dormir. On sent que ses yeux vont être bientôt capables de perception. Ses mains ratissent le vide dans une éducation constante du tact.

Des gosses qui ont l'air d'être en mie de pain noir, façonnée par des doigts malpropres.

Nos enfants, pauvres petits ! Nous pouvons les froisser avec la précision d'un marteau-pilon.

Les enfants devraient être des apparitions facultatives.

La facilité avec laquelle les enfants se débarrassent des souvenirs qu'on leur a donnés.

Je te donnerais bien mon joujou, dit l'enfant, mais je ne peux pas : il est à moi.

ENFANTS et réprimandes

Un tout petit enfant serait triste s'il savait que personne ne le grondera jamais.

— Tu n'auras pas de dessert.
— Maman, je n'y tiens plus, au dessert. Tu ne me priveras pas en ne m'en donnant pas. Tu peux m'en donner. (2)

Formule nouvelle : l'enfant pleure comme un homme.

Un enfant pleurait, non parce que sa grand-mère venait de mourir, mais parce qu'on lui répétait : « Comment ! ta grand-mère est morte et tu ne pleures pas ? » (2)

ENNUI

C'est insensé, ce culte de l'ennui. Était-ce assez idiot, cet ancien « vague à l'âme » ! L'âme, ce n'est pas grand-chose, mais cette école-là arrivait à en faire rien du tout.

(*Ennui*)

Pour avoir une idée de l'ennui, il faut regarder les fauves dans leurs cages.

Je me promène à l'intérieur, sur mon lac d'ennui. J'y fais de petites promenades joyeuses.

Sur moi l'ennui étend ses branches.

ENNUIS

Ah ! les grands jours de petits ennuis !

Des ennuis, tout le monde en a, mais on ne s'ennuie pas.

— Il faudra, me dit-il, que j'aille vous voir demain pour vous raconter mes embêtements.
— Ça fera deux personnes embêtées au lieu d'une.

J'aime assez à me créer moi-même mes ennuis.

ENNUYER (S')

Il faut savoir s'embêter, pour que la vie ne paraisse pas trop courte.

Je ne m'embête nulle part, car je trouve que, de s'embêter, c'est s'insulter soi-même.

ENNUYEUX

Il y a des gens si ennuyeux qu'ils vous font perdre une journée en cinq minutes.

Marieton, un félibre qui possède un joli talent sur son rasoir. (4)

On ne s'ennuie pas dans votre société, dit Ragotte en bâillant tout grand.

Maeterlinck. Un grand artiste à qui c'est égal d'ennuyer son lecteur, et qui ne s'arrête pas pour si peu.

ENTERREMENT

L'enterrement même a du bon : il réconcilie les familles.

Il y a des enterrements de première classe comme si on allait au Paradis par le chemin de fer.

— Son enterrement ? M. Lerin n'y est seulement pas.
— Ah ! lui, s'il pouvait ne pas venir au sien, il s'en abstiendrait. (5)

Les gens qui se font incinérer s'imaginent que, réduits en cendres, ils échapperont à Dieu.

ENTERREMENT (Comportement à un)

C'est commode, un enterrement. On peut avoir l'air maussade avec les gens : ils prennent cela pour de la tristesse.

Plus ils voient de monde à l'enterrement et plus ils pleurent le mort.

Un enterrement serait trop triste s'il n'y avait pas les prêtres.

A l'enterrement. Est-ce que je fais bien peine à voir ?

ENTHOUSIASME

La qualité de nos enthousiasmes, c'est d'être multipliés et brefs.

Je regarde un camelot poser sur une table de café un petit cochon gonflé d'air et transparent, qui se dégonfle en criant, s'aplatit, et se couche sur le côté. Voilà bien mes enthousiasmes en moins long.

Moi, moi, pas enthousiaste ? Quelques notes de musique, le bruit d'une eau courante, le vent dans les feuilles, et voilà mon pauvre cœur qui déborde de larmes, de vraies larmes, oui, oui !

Encore un qui a son grand ressort cassé !

ENVIE

L'envie avouée, c'est du courage, presque une excuse.

Être heureux, c'est être envié. Or, il y a toujours quelqu'un qui nous envie. Il s'agit de le connaître.

Les hommes sentent leurs vices. Marzac pue l'envie. Le fiel lui brûle la peau, et sa poignée de main suinte.

Il venait me voir de temps en temps, pas trop souvent, seulement pour respirer d'aigres bouffées d'amertume.

Ils sont envieux, non du château, mais du voisin qui a réussi.

ENVIE (Mon)

Mon âme n'est pas tant que vous croyez ravie : je fais comme je peux pour cacher mon envie.

A chaque instant il faut que je resserre, à l'étrangler, le cou du renard envieux qui me ronge le ventre.

ÉPAULE

Et il détourna ses épaules menaçantes avec la lenteur d'une grue qui déplace des pierres de taille. (20)

Celle-ci se sèche au soleil et on trouvera un dépôt de sel dans ses salières. (31)

(*Épaule*)

Aux épaules, des salières telles qu'il faudrait mettre du poivre dedans pour exciter quelqu'homme. (6)

ÉPERVIER

L'épervier, inerte, les ailes écartées, l'œil perçant, trace haut dans l'air son vol circulaire et lent. (5)

L'épervier s'arrête au-dessus d'un champ et palpite en l'air, comme une paupière qui a pris un moucheron.

Les éperviers aigus volaient sans avoir l'air de bouger.

L'épervier. On le croirait pendu au ciel par un fil. Brusquement le fil casse, et l'épervier tombe, sa victime choisie. (12)

ÉPOUX

Couple assorti : ils riment bien, tous les deux.

Dame, oui ! Avec des concessions, je fais tout ce que je veux de ma bourgeoise.

— Il faut des années pour connaître une femme, sa femme et, quand on la connaît, il n'y a plus de remèdes. (24)

Il présentait sa femme en disant : « Mon ordinaire ».

« Mon homme », « mon mari », devient « mon époux » sur les tombes.

Un monsieur et une dame, époux, qui avaient l'air de faire le trottoir chacun pour son compte.

ÉPOUX (Accouplements d')

Ces gens-là sont heureux leur nuit de noces, et encore !

— Une bonne femme, dit Léon en parlant de sa femme. Elle ne bouge pas, il n'y a qu'à la fin qu'elle remue.

Vingt ans qu'ils sont mariés : Elle n'a pas encore pu s'habituer à l'amour. Même tout éteint, elle brûle de honte. Elle a peur de son désir et de ses coups de poings ; parfois, il lui donne sur la fesse une tape maritale qui la ferait crier.

Il ne couche plus avec sa femme, ou bien, ça ne serait que pour lui faire un enfant. Son curé lui a défendu le simple jeu du plaisir.

Lit. Lui et sa femme se trouvent côte à côte par hasard. Ils ne se touchent pas. Il y a entre eux la place pour un. (11)

ÉQUITATION

Sur une grosse jument, les jambes écartées et raides, il saute sur son derrière, à me faire mal.

Ah ! sauter sur le dos d'un lièvre et filer vers l'horizon !

Monter à cheval sans étriers sur un serpent.

ERREUR

Une inexactitude scrupuleuse.

Un choix, c'est presque toujours une erreur volontaire ! (18)

Quand Farguet dit : « Suivez-moi bien », on peut être sûr qu'il va s'égarer.

Je me suis trompé de bonne foi.
— Ce n'est pas une raison ! Je ne préfère pas un imbécile à un menteur.

Je ne déteste pas les gaffes. Elles prouvent la droiture de l'esprit. Elles sont les gages comiques de notre bonne foi.

ESCALIER

Escalier : un noir intestin de ver.

Sarah Bernhardt. Quand elle descend l'escalier en escargot de l'hôtel, il semble qu'elle reste immobile et que l'escalier tourne autour d'elle.

ESCARGOT

L'escargot : vigneron avec sa hotte sur le dos, la tête traversée d'aiguilles à tricoter.

L'escargot et son immeuble.

L'escargot promène son petit chignon.

Son cou de girafe rentré, l'escargot bout comme un nez plein. Il ne sait marcher que sur la langue. (12)

Les escargots et leurs petits bâtons pour manger comme les Chinois.

ESCRIME

L'escrime soutire les mauvaises humeurs. Chaque coup de poing perce un furoncle moral. Le fleuret est peut-être appelé à devenir un des instruments de psychologue, à figurer dans leur trousse pour l'acuponcture des âmes. (4)

Ces messieurs chassent réciproquement leurs mouches, avec des

(*Escrime*)

effets de reins empruntés aux danseurs chinois et des grâces de plongeurs à cloches. (4)

Escrime : Son adversaire se servait de son épée comme d'une aiguille, et avait l'air d'un monsieur qui veut piquer une guêpe sur une feuille de vigne.

ESPÉRANCE

L'espérance, c'est sortir par un beau soleil et rentrer sous la pluie.

Pourquoi ce roulis de notre âme, ce va-et-vient de nos ardeurs ? Nos espérances sont comme les flots de la mer : quand ils se retirent, ils laissent à nu un tas de choses nauséabondes, de coquillages infects et de crabes, de crabes moraux et puants oubliés là, qui se traînent de guingois pour rattraper la mer.

Je n'ai jamais vendu que des peaux d'ours.

ESPRIT

L'esprit est à peu près, à l'intelligence vraie, ce qu'est le vinaigre au vin solide et de bon cru : breuvages des cerveaux stériles et des estomacs maladifs.

L'esprit vit aux dépens du corps : si tu te portes bien, tu penseras mal.

Un esprit sans abat-jour.

Esprit facile, descendez en nous !

ESPRIT (Nature de mon)

Tout cet été, j'ai vécu de mes rentes intellectuelles. Oh ! j'ai des goûts modestes ! Il suffit à mon esprit de joindre les deux bouts.

Mon esprit : un ciel sombre avec de rapides séries d'éclairs.

Mon esprit malléable se façonne à tous les pouces.

ESPRIT (Avoir de l')

L'idéal serait d'avoir de l'esprit, d'avoir surtout l'esprit de ne pas trop en faire. (3)

Trait brillant qui éclaire l'idée comme un rayon de soleil perce l'ombre des feuilles. (10)

Sucer avec force l'esprit qu'on peut avoir au bout des ongles. (14)

Bien moderne. Il fait de l'esprit à l'électricité.

ESPRIT (Mots d')

On dit d'un mot qu'il est profond quand il n'est pas spirituel.

Un bon mot vaut mieux qu'un mauvais livre.

Des mots qui sont à des mots d'esprit ce qu'une cassure de verre est à un diamant.

Je m'amuse encore trop avec mes mots d'esprit.

ESPRIT des autres

Il fait tant de jolis mots qu'il ne sait plus où les mettre.

Toute sa vie il eut l'esprit gros, mais il n'en naquit jamais rien.

Oui, il aurait beaucoup d'esprit ; mais il est si malpropre que son esprit ne peut pas arriver au bout des ongles, à cause du noir.

Paul Arène. Il est éteint comme un homme qui a de l'esprit, toujours de l'esprit, et qui voudrait bien n'en plus avoir.

Léon Blum, très intelligent, et pas un grain d'esprit. C'est agréable pour ceux qui, comme moi, se croient de l'esprit et ne sont pas très sûrs de leur intelligence.

ESPRIT (Mon)

Je suis le monsieur qui a toujours, hélas ! le petit mot pour rire.

Homme d'esprit oui. Mais n'oubliez pas que j'ai en horreur l'esprit des autres.

Mon esprit : un ciel sombre avec de rapides séries d'éclairs.

Si vous avez envie de rire, vous me trouverez spirituel.

Je vous passe mon trait d'esprit à travers le corps.

ESTIME

« Estime. » Ce mot n'a pas d'adverbe. Sans quoi quel gaspillage au bas des lettres.

Il jouissait de l'estime générale...
Quoique chacun de nous en particulier lui refusât la sienne. (31)

Si vous pensez du bien de moi, il faut le dire le plus vite possible, parce que, vous savez, ça se passera.

Moi et toi, cochon, nous ne serons estimés qu'après notre mort.

ÉTOILE

Étoiles : tout ce feu d'artifice qui reste en l'air !

Les étoiles, comme de petits yeux qui ne s'habituent pas à l'obscurité.

(*Étoile*)

Une étoile scintille comme si elle était en voiture.

Des étoiles, basses comme des étincelles envolées de ma cheminée.

Les étoiles. Il y a de la lumière chez Dieu.

Jupiter, diamant piqué au front épars du ciel morne.

ÉTOILES FILANTES

Étoiles filantes, pièces qui tombent tout à côté du plateau d'argent de la lune. Qui donc s'exerce ainsi ?

Étoiles filantes. Tir lumineux, sans fumée et sans bruit. C'est l'ouverture de la chasse dans les champs étoilés.

ÉTONNEMENT

L'humide fraîcheur qui se répand par nos membres a une violente surprise, comme si tout notre sang prenait un bain froid.

Je regarde l'étonnement de Monsieur Emer Verlet monter comme une colonne de mercure. (11)

Je suis un homme toujours étonné, qui tombe, à chaque instant, de la lune.

ÉTUDES

Tous les dix ans il faudrait refaire son collège.

Il faudrait pouvoir recommencer ses études avec son intelligence de trente ans.

Je suis de la vieille école, moi, de l'école qui ne sait pas lire. (2)

EXIGEANCE

N'être pour soi pas trop sévère, et n'exiger des autres que la perfection.

Si l'on donnait des ailes à l'homme pour voler dans l'infini, il ne se sentirait plus que des goûts de cul-de-jatte.

Vous êtes comme quelqu'un qui demanderait du café bouillant et le laisserait refroidir.

Au désert, elle demanderait une chaise pour s'asseoir.

Il me suffit d'un arbre : il te faut tout un bois.

EXISTENCE

Nous sommes un escalier à double révolution : quand une moitié de nous monte, l'autre descend.

(*Existence*)

Nous n'avons pas une enfance, une maturité, une vieillesse : plusieurs fois dans la vie nous avons nos saisons, mais leur cours nous reste mal connu : il n'est pas régulier.

Une vie à jouer sur un clavecin.

La façon dont elle parla de l'amertume des choses me fit comparer sa vie à quelque tonneau qui a trop roulé et où la lie se dépose. (11)

Si l'on m'affirmait, preuve en main, que Dieu n'existe pas, j'en prendrais mon parti. Si Victor Hugo n'existait plus, le monde où se meut la beauté qui m'enivre deviendrait tout noir.

F

FACE

Comme les bords d'une source, les plis de sa face terreuse s'éboulent les uns sur les autres. (28)

Toute sa face s'était collée à ses os, plissée comme une bourse dont on a resserré les cordons. (5)

FACTEUR

Un facteur qui offrirait les lettres au choix.

Le facteur s'est acheté un petit âne pour aller plus doucement.

Le triste : « C'est tout » du facteur qui dépose sur la table un prospectus.

Je me suis arrangé avec le facteur : il me garantit une lettre par jour.

Rien pour vous, dit le facteur.
— Oh ! je n'attendais pas de lettre.
Comme si on protestait contre une fausse accusation.

FAGOT

Un fagot de devant les bouteilles.

L'odeur forte des agots secs.

Notes sonores des bûches de bois qu'on empile.

Il y a des petits villages de fagots, pressés les uns contre les autres comme des huttes.

L'aboiement rauque de la scie.

FAIBLESSE

Pas plus de force qu'un pèse-lettre.

Il a l'air d'une mouche qui, à chaque chiquenaude, retombe dans son bol de lait.

Je n'ai pas assez de souffle pour tourner la page.

FAMILLE

Notre famille, ce devrait être à notre choix, ceux que nous aimons et ceux qui nous aiment. (24)

Dans ma famille où tout le monde s'accorde, même les participes. (2)

— La famille ? Une réunion forcée, sous le même toit, de quelques personnes qui ne peuvent pas se sentir. (24)

Heureux quand nous connaissons une famille où nous pouvons nous plaindre de notre famille.

On doit voir monter sur ma tête la fumée de mes idées de famille, comme celle d'un pot-au-feu.

FAMILLE (Comportements envers la)

Si l'on estimait sa famille, on voudrait lui plaire, et, si l'on voulait lui plaire, on serait fichu.

Famille. La recevoir du bout des lèvres, du bout des doigts et, enfin, du bout du pied.

Laver son linge sale en famille en utilisant, pour sa lessive, les cendres des aïeux.

FAMILLE nombreuse

Le père et la mère ont tout un escalier d'enfants.

Elle fourbit ses enfants.

A une vieille fille : « Je vous appelle mademoiselle, et vous avez peut-être une douzaine d'enfants. »

FARD

Une femme rit tellement que sa poudre tombe. Son teint naturel reparaît, et la voilà jolie.

Vous pleurez, madame ? Ah ! prenez garde à votre peinture.

Loti fardé comme une femme. Il a les cils faits, les yeux faits, les cheveux brillants et les lèvres peintes. Il n'ose pas fermer la bouche.

FAUX

J'entends le sifflement de la faux dans le foin. De loin je la vois : elle semble valser doucement.

Le large coup de dents que la faux donne aux foins.

Le faucheur, jaloux parce que la presse ne s'occupe que du geste du semeur.

Le semeur fait son geste et ne se doute pas qu'il est auguste.

FÉMINISME

Le féminisme, c'est de ne pas compter sur le Prince Charmant !

Féminisme. Oui, je crois qu'il est convenable, avant que de faire un enfant à une femme, de lui demander si elle veut.

FEMME

Appelons la femme un bel animal sans fourrure dont la peau est très recherchée.

La femme est un roseau dépensant.

Femme : une âme dans un corset.

FEMME (Hommage à la)

Moins femme que fleur, frêle, odorante comme une fleur, vous parleriez le langage des fleurs, si les fleurs parlaient patois. (31)

Vous êtes si gracieuse que je ne peux pas vous voir couchée, comme les autres femmes, dans un lit : je m'imagine que vous dormez sur une branche.

Si mignonne que, si vous vouliez vous pendre, vous n'auriez pas le poids.

On ne se lasse pas de vous voir, et vous ne vous fatiguez pas d'être regardée.

FEMME (Médisances sur la)

Le cœur d'une femme est un noyau de pêche. On la mord à pleine bouche, et, tout à coup, on se casse les dents.

Il n'y a malheureusement pas de remède de bonne femme contre les mauvaises.

Toute femme contient une belle-mère.

Omnibus. La délicatesse des femmes qui trichent pour passer de force avant leur tour donne une idée de ce qu'elles feront à la porte du Paradis.

FEMME (Beauté de la)

Femme : diamants aux oreilles et aux yeux.

Femme si lumineuse qu'on ne voit pas plus son visage, le jour, que celui du nègre la nuit.

Une de ces femmes jolies et fines avec lesquelles il suffirait de parler d'amour.

Ce n'est plus la femme jolie par elle-même ; c'est une beauté à laquelle prennent part de nombreux ouvriers.

— Elle est moins jolie que vous.
— Elle n'y a pas de peine.

Une belle femme est encore embellie par un paysage qui lui va bien.

FEMMES (Compliment aux)

Avez-vous remarqué que, lorsqu'on dit à une femme qu'elle est jolie, elle croit toujours que c'est vrai ?

Ne dites pas à une femme qu'elle est jolie. Dites-lui seulement qu'elle ne ressemble pas aux autres, et toutes ses carrières vous seront ouvertes.

Dès qu'on dit à une femme qu'elle est jolie, elle se croit de l'esprit.

Vous êtes pour moi le chardonneret qu'on ne met pas en cage, et vous êtes la fleur qu'on ne cueille pas.

— Comme vous êtes jolie !
— Oui, il y a des hommes qui aiment ça.

FEMME (Charme de la)

Le « je-ne-sais-quoi » d'une femme, il n'y a que ça qui compte.

Femmes qui nous troublent un peu, qui laissent, en passant, sur la nettetè de notre cœur, une buée légère.

Une femme qui ne dure qu'une nuit, pas même, qui ne dure qu'un rêve nous laisse les plus doux regrets.

Femme troublante, vous que je n'ai qu'entrevue et que j'espère bien ne jamais revoir !

FEMME (Fraîcheur de la)

Elle était de ces femmes à qui l'on ne peut pas dire qu'elles sont fraîches comme des roses sans qu'elles répondent : « Demi-closes ».

(*Femme (Fraîcheur de la)*)

Elle est toute fraîche, même en sortant du train. Elle voyage comme une fleur dans un panier.

Elles sont fraîches comme des cerises qu'on a oublié de cueillir, qui deviennent orageuses, qui s'assombrissent.

FEMME (Grâce de la)

Elle touche à la terre comme l'hirondelle au lac.

La femme a la sensibilité des balances dont on se sert pour peser l'or. (11)

Femme. Et une délicatesse ! Sur la route, elle buterait dans l'ombre d'un arbre.

FEMME (Âge de la)

La femme parle toujours de son âge et ne le dit jamais.

La femme ne devrait vivre qu'une saison sur quatre, comme les fleurs.

Elle reparaîtrait tous les ans.

Sans bonnet, elle a cent ans de plus.

Elle croit que, l'âge, c'est de l'argent, et elle économise sur son âge.

FEMME (Intelligence de la)

Une femme intelligente doit nous laisser nos rêves.

Il y a toujours, dans la plus spirituelle des femmes, une petite dinde qui ne prend jamais le temps de dormir.

Ce qui fait le plus plaisir aux femmes, c'est une basse flatterie sur leur intelligence.

Elle parle de son « intellect ». On croirait que c'est quelque chose qui est en train de cuire.

FEMME (Pensée de la)

Femme. Elle pense comme une pensée de jardin : elle fleurit.

Femmes, touchantes par la pâleur et par les ravages d'une pensée qui fait effort.

Une jolie femme. Dès qu'elle pense bassement, elle a autour des yeux quelque chose de flétri.

Elle se croyait, au cerveau, une pelote de glu, où toutes ses idées sont collées comme des pattes de mouches. (6)

FEMME (Langage de la)

Ce sont là de ces petites bêtises qu'on pardonne à une femme, à condition qu'elle les dise toute nue.

Rien ne gâte une jolie femme comme la langue qu'elle affecte de montrer.
C'est comme si, sans être prévenu, tout à coup on voyait son sexe.

Un gros mot de femme, c'est une limace aux lèvres d'une rose.

Une jolie femme peut avoir l'oreille moins délicate que la bouche.
Elle peut entendre des grossièretés : il ne faut pas qu'elle en dise.

Vous vous taisez, madame ? On sait ce que ne pas parler veut dire.

FEMMES (Conversations avec les)

Il faut dire aux femmes des compliments mêlés de choses dures ; ça les amollit, les pétrit, les prépare à l'empreinte.

Si vous voulez plaire aux femmes, dites-leurs ce que vous ne voudriez pas qu'on dît à la votre.

Dites à une femme deux ou trois mots qu'elle ne comprenne pas, d'aspect profond. Ils la déroutent, l'inquiètent, la rendent anxieuse, la forcent à réfléchir et vous la ramènent consciente de son infériorité, sans défense.

FEMME (Égards envers la)

« Ces petites attentions sans prix qui font plus chaud au cœur des femmes que le duvet de leur cou ». (21)

Je me jette à vos pieds, madame, s'il y a un bon coussin.

FEMMES (Amour des)

Nous n'aimons de façon sentimentale que les femmes de nos rêves, de nos sommeils, celles qui déposent dans notre cœur une petite fleur bleue qui vit encore une heure, une matinée après notre réveil.

Notre amour pour certaines femmes est semblable à l'amitié que nous avons pour certains hommes. Il n'y a guère qu'un charme et qu'un risque de plus.

— Vous n'aimez pas les femmes ?
— Je les aime toutes. Je fais des folies pour elles. Je me ruine en rêves.

Posséder une femme par le bout du doigt

FEMME et l'amour

Les descriptions de femme ressemblent à des vitrines de bijoutier. On y voit des cheveux d'or, des yeux émeraude, des dents de perles, des lèvres de corail, Qu'est-ce, si l'on va plus loin dans l'intime ! En amour, on pisse de l'or.

Cette femme avait tant aimé que, lorsqu'on s'approchait trop d'elle, on écoutait, au fond de son oreille, ce délicat coquillage, bruire une rumeur d'amour.

Elle est de ces petites femmes fragiles qui aiment mieux aimer que faire l'amour.

Le premier amour d'une jeune fille se passe en exercices et le dernier d'une femme mûre en paroles. (11)

— Être adorée huit jours, le Bon Dieu lui-même n'est sûr de ça avec personne. (19)

FEMMES (Vertus des)

La vertu des femmes, au contraire des lattes de boulanger, a d'autant moins de valeur qu'on y fait plus d'entailles.

C'est touchant et drôle, la vertu d'une femme laide.

Une femme hautaine et majestueuse dans l'exercice de sa vertu.

Elle crie comme si on ne voulait pas attenter à sa vertu.

— Je suis une femme fidèle. Ma vie, jusqu'à ce jour, a glissé droite et légère sur une glace pure. (19)

La pudeur de la femme est un mur mitoyen. N'allez pas, imprudent, le dégrader vous-même, car il s'effritera, à la longue fera brèche, et les voisins entreront chez vous. (11)

FEMMES faciles

Chute de femme. Rien de cassé : à peine une déchirure.

Quand une femme vous dit : « Un homme comme vous... » c'est une façon de dire : « Quand vous voudrez, monsieur. »

Le sourire d'une femme qui dit : « Je ne suis pas convenable ! »

C'est la plus fidèle de toutes les femmes : elle n'a trompé aucun de ses amants.

— Ce sont des femmes qu'on ne salue pas.
— Oui, mais, on se découvrirait bien tout entier devant elles.

FEMMES sensuelles

C'est une femme toujours couchée, une femme qui ne tient pas debout.

(*Femmes sensuelles*)

Chaudes ! Chaudes ! les petites femmes.

C'est très joli, une compagne intelligente, mais il faut que ce soit une femme avec, tout de même, que diable ! un peu de ce qu'il est nécessaire pour faire l'amour.

Femme pareille à une cheminée. Il est temps de lever ta robe : le feu doit être pris.

Que ne peut-elle, cette femme ardente, épouser un cheval !

FEMMES frigides

Quand on veut embrasser cette femme froide, on a l'air de vouloir écarter de la neige.

Femme. Elle a l'air en feu comme ça, mais c'est une mauvaise cheminée. On entend qu'elle ronfle, et, dès qu'on lève le tablier, la flamme baisse et le bois fume.

Je tâche de connaître ses pensées de derrière les reins. Elle n'en a pas. (11)

FEMMES et Moi

Je vais au cœur des femmes par le sentier le plus fleuri et le plus long.

Près d'une femme, j'éprouve tout de suite ce plaisir un peu mélancolique qu'on a sur un pont à regarder l'eau couler.

Dès qu'une femme me fait un compliment, pour peu qu'elle soit jolie, tout de suite je me sens amoureux d'elle.

Quelle vie, mon Dieu ! Quelle vie ! Ah ! si j'étais obligé de posséder toutes les femmes dont je suis amoureux !...

Je voudrais être vieux et pouvoir regarder une jolie femme sans qu'elle s'imagine que je désire coucher avec elle.

Vous êtes pour moi le chardonneret qu'on ne met pas en cage, et vous êtes la fleur qu'on ne cueille pas.

C'est au doux climat de cette femme que je voudrais vivre et mourir.

FENÊTRE

La vitre a des défauts qui doublent les étoiles.

Un défaut de la vitre, et le moineau est un aigle sur le toit.

Le carreau cassé de l'unique fenêtre dont la vue se paierait cher à Paris. (2)

(*Fenêtre*)

La première croisée s'allume, jaune comme une veilleuse près d'un linceul. (2)

La fenêtre tire la langue d'une descente de lit.

FER À REPASSER

Cette demi-douzaine de fers à repasser à genoux sur leur planche par rang de taille comme des religieuses qui prient, voilées de noir et les mains jointes. (2)

Le pas d'une repasseuse sur sa table.

FERME

On dirait que les fermes sortent des bois éclatés, comme certains fruits de leur coque.

Vieille ferme, murs qui suent du sang noir de fumier.

Le fumier qui se dorait comme un gâteau au clair de lune.

FESSE

Des fesses vides et dont les plis semblent les plis de vieux sacs.

Petit homme de mari qui a six pouces de fesse et le derrière tout de suite ! (5)

FEU

La chevelure bien peignée d'un beau feu.

Le feu de bois. Toute cette fête, toute cette vie ! Puis cette agonie, puis cette mort, cette déboulée des bûches.

D'un beau gâteau de feu la croûte se fendille.

La chaleur légère, ailée, d'un feu de bois.

Deux pauvres tisons, comme une pipe de vieux s'allume à la pipe du voisin.

— Je lis dans le feu, dit-elle.

Et lui : — « Voulez-vous que j'allume un incendie ? »

FEU et flammes

Le feu de la cheminée, ce petit théâtre ou les flammes gesticulent comme des acteurs affairés.

Feu. De bleus oiseaux de feu voltigent sur le charbon.

Comme une étincelle qui s'échappe des cendres et, après un bref éclat, va mourir dans la suie.

Comme des confetti, les étincelles jaillissaient du tuyau.

FEUILLE

Le petit air fané, vieillot, des feuilles qui s'ouvrent.

La branche qui met sa feuille à la fenêtre.

Les feuilles jaunissantes donnent aux arbres l'air d'être mûrs.

Feuilles rougies. Il doit y avoir des yeux de femme de cette couleur, pleins d'automne.

Les feuilles s'offrent à la pluie comme des langues.

FEUILLES (Vie des)

Les feuilles clignent comme des paupières, et on voit un œil de jour.

Une dernière feuille bat de l'aile comme un oiseau dont la patte est prise. (12)

Les feuilles bruissent comme un jupon empesé.

Les feuilles remuent comme les lèvres d'un enfant qui ne sait pas sa leçon et qui a l'air de chercher ce qu'il va dire.

Et, quand une feuille qui paraît abritée se met tout à coup à remuer, à délirer (oui ! elle a le délire), ses voisines restant calmes, n'y a-t-il pas là un mystère ?

Les feuilles jacassent comme des petites filles la veille des vacances : l'arbre va leur donner congé.

La lune s'est mise dans des feuilles qui remuent d'aise.

FEUILLES tombées

Les feuilles tombent et roulent à terre leur reste de vie. L'une d'elles à l'honneur d'être poursuivie par mon petit chat.

Les feuilles s'envolent par bandes, reviennent aussitôt, peureuses, apprivoisées, et tâchent de se raccrocher. (23)

Les feuilles fuient comme si une corneille leur avait crié, du haut de l'arbre : « Voilà l'hiver ! »

Bruit d'une feuille par terre : Elle essaie un vol de pauvre oiseau qui n'aurait qu'une aile et une patte. (28)

Une feuille jaune perdue,
Tournoyante comme un ressort,
Vibre au doigt d'un arbuste mort,
Où ses soubresauts l'ont pendue. (22)

FEUILLETON

Les feuilletons doivent être lus par petits bouts, aux cabinets.

Il passe pour avoir la manie des livres : il fait relier des feuilletons.

FIDÉLITÉ

La fidélité pendant la vie, ce n'est rien ; mais mourir, paraître devant Dieu sans avoir trompé sa femme, quelle humiliation.

— Qu'il te suffise, disait-il à sa femme, qu'en réalité je te sois fidèle ; mais permets-moi au moins les apparences d'un mari qui trompe sa femme.

— Regarde-le, c'est un mari fidèle.
— Oui, mais il n'y a pas d'homme plus triste sur la terre.

FIEL

Ça coule de source empoisonnée.

Quelle vipère vous faites ! Si jamais vous vous cassez les deux jambes, vous trouverez bien le moyen de marcher par reptation.

Et, s'étant coupée, et ayant sucé le sang de sa blessure, elle s'empoisonna.

FIERTÉ

Glorieux comme un pavot unique dans un champ de luzerne.

Une femme, avec un peu de pain, fait faire l'exercice à des moineaux : elle est fière comme un capitaine.

Elle dit d'un riche orgueilleux, qui vient de se ruiner : il était si fier qu'il ne pouvait pas marcher. (28)

FIGURE

Une figure vérolée, où il y a quelque chose d'écrit en Braille.

Une figure franche ouverte à deux battants.

Théodore de Banville, sa figure large et pâteuse comme un fromage blanc, sans poils dessus.

Barrès, ce gentil génie parfumé... avec sa figure de corbeau apprivoisé et son bec habitué aux fouilles délicates.

Anatole France, il est très aimable, comme un homme qui a toujours la figure prise dans une porte et qui ne tient pas à ce qu'on serre.

Oscar Wilde. Il a une figure pétrie avec de petits vers rouges, de longues dents avec des caves de Bîme dedans. Il est énorme, et il porte un jonc énorme.

FLAMANT

La fantaisie du Créateur qui donne au flamant un cou si long qu'il a dû le percher très haut sur pattes.

Le flamant qui essaie sa trompette.

Les boutons de chemise des yeux des flamants roses.

Les flamants marchent sur des pincettes, de peur de mouiller, dans l'eau du bassin, leurs jupons roses. (12)

FLEUR

La supériorité d'une fleur sur un bouquet.

Des fleurs dans des verres demandent la clef des champs.

Les fleurs s'effeuillent en papillons.

Boutons. Des fleurs aux ailes collées. Toute la nature a la rougeole.

FLEURS

Les acacias à l'orée d'un bois qu'ils défendent de leurs piquants.

Chrysanthèmes, qui ressemblent trop à des caniches.

Le coquelicot chante déjà dans les blés.

Les dahlias sont fripés comme après une nuit de bal (28)

Les églantiers, ces roses de village.

La fleur des champs a un cœur d'or.

Le genêt : de l'or dans du charbon.

Le mimosa est, parmi les fleurs, ce que le serin est parmi les oiseaux.

La primevère des jardins qui s'ouvre en jaune et s'achève en rose.

FLEUVE

La Loire, un grand fleuve de sable quelquefois mouillé.

La Meurthe n'en finit plus de prendre sa source. Les autres rivières peuvent attendre.

FLIRT

— Oh ! Flirter, ce mot-là m'énerve. Flirt ! Flirt ! c'est crispant comme une automobile sous pression. (19)

Stendhal nous donnait « coqueter » : on a pris « flirter ».

FLOT

Flocons d'écume. Il semble que le flot éclate comme un pétard sourd et lointain dont on ne verrait que la fumée.

Les petits flots vomissent leur bave blanche ainsi que des roquets, avec un jappement très doux.

La rivière a ses cailloux blancs
Comme les femmes leurs dents blanches
On voit rire les flots tremblants
Sur les écrins de cailloux blancs,
Quand frémissent un peu les branches.
Et les flots clairs coulent plus lents
Pour bien montrer leurs cailloux blancs
Comme les femmes leurs dents blanches. (22)

FOI

La foi stupide ne peut que déplaire à Dieu.

Va, va ! Cherche la main divine qui nous tend l'hostie de la lune.
Je n'ai pas la foi, mais j'ai de petites fois qui me soutiennent.

Dans mon église, il n'y a pas de voûte entre moi et le ciel.

FORCE

Homme épais et fort comme une armoire... pleine de linge sale.

Ils laissent à chaque phrase percer l'orgueil de leur force.

FORTUNE

Fortune, bonheur des pauvres d'esprit.

La fortune fait le bonheur des autres. C'est une belle chose que de savoir les en faire profiter.

Un homme peut dire : « Je ne ferai jamais fortune, parce qu'il n'est pas dans mon caractère d'être riche. »

La roue de la fortune lui a passé sur le corps.

— Il a mangé une fortune.
— A quoi ?
— Mais à vivre, tout simplement !

FOU

Le fou fouette sa toupie, croyant que c'est son cerveau. Elle tourne : « Ah ! j'ai du talent ! » elle tourne plus vite : « Ah ! Maintenant, j'ai du génie ! »

— Ah ! je crains de devenir fou quelque jour.

(*Fou*)

— Veux-tu te taire ! tu es fou ?
— Tu vois : déjà !

Ayant rencontré un fou qui pensait comme moi, je dis :
— Vous le voyez ! je ne suis donc pas fou.

FOULE

Dans les foules serrées, la sensation qu'on est regardé au creux des oreilles.

Il y avait tant de monde, sans compter un kiosque à journaux qui ne voulait pas se déranger. (19)

FRANCE

France, le vieux chef bavard, à l'esprit subtil.

Le Français crible d'épigrammes surtout ce qu'il voudrait être : le député, et ce qu'il voudrait avoir : le ruban rouge.

L'esprit français aime les grandes choses, mais il veut voir où ça le mène. Il met au point les chefs-d'œuvre.

Si la France est malade, qu'elle prenne quelque chose de chaud, le soir en se couchant !

FRANCHISE

Être franc, c'est-à-dire marcher sur les pieds des autres en le faisant exprès.

Une figure franche, ouverte à deux battants.

Je suis franc, moi, c'est-à-dire que je parle tout le temps d'une franchise que, malgré mes efforts, je n'arrive pas à m'approprier.

FRÉQUENTATION

On se voit trop, on se voit moins, on ne se voit plus.

Pour vivre tous les jours avec les mêmes personnes, il faut garder avec elles l'attitude qu'on aurait si on ne les voyait que tous les trois mois.

Il voyait le moins de personnes qu'il pouvait afin de s'épargner le plus possible l'ennui des enterrements.

FROID

Un temps où les bouillottes sont enviées.

Les étoiles ont les larmes aux yeux.

La couleur glacée du froid.

(*Froid*)

— J'ai froid.
— C'est la saison qui veut ça, dit le riche.

FRONT

Papa. Les veines gonflées de ses tempes. Les taupes le travaillent et le ravagent sous la peau.

Un front étroit, comme martelé sur l'enclume de la foi.

Comme d'autres cherchent à se donner un front, Barrès coupe le sien en deux au moyen d'une mèche qui va de gauche à droite.

Ginisty a sur le front quelque chose que Schwob prend pour une souris et moi pour un derrière de crapaud.

FRUIT

Un fruit si beau qu'il a l'air faux.

La châtaigne, ce hérisson des fruits.

Quel égoïste avalerait la fraise d'automne ? On n'ose la cueillir que pour la bouche pure d'une petite fille aimée (28).

Au bout de la branche pend une prune qui ne veut pas tomber. Pourtant, gonflée comme une joue d'enfant boudeur, mûre, pleine d'un jus lourd, elle est continuellement attirée vers la terre. (6)

FUMÉE

Fumée : rêverie du feu.

La fumée, c'est l'haleine bleue de la maison.

Le panache d'une maison, c'est de la fumée.

Seules les fumées savent qu'il y a du vent.

Cheminée d'usine : un gros doigt qui barbouille l'air de fumée.

Fumée bleue, et peut-être qu'au foyer on brule des choses immondes.

On regarde la fumée avec attendrissement comme si, au bas de la cheminée, une femme, jeune encore mais délaissée, brûlait, après les avoir relues, ses lettres d'amour.

FUMÉE (Volutes de)

Vent. La fumée relève sa jupe pour s'envoler au ciel.

La fumée ramasse des plis pour passer sur les toits.

La fumée vit et souffle par le vent.

La fumée s'élève comme un sapin léger, un sapin de cendres.

(*Fumée (Volutes de)*)

Les élans de la fumée. On croit qu'elle aurait la force de monter aux nues, et elle reste là, lourde et désunie, et, bientôt, elle retombe.

Une fumée courait sur le pré comme une troupe de petits veaux.

FUMER

Sa cigarette s'éteint à chaque instant. Il la rallume. Elle se meurt. C'est une lutte. Il a l'air de manger des allumettes. (11)

Mme Danville fume et rend la fumée par le nez. Avec elle un mari pourrait sans danger tromper sa femme. Celle-ci dirait au mari : « Oh que tu sens le tabac ! » Elle verrait bien qu'il a passé la soirée avec des amis.

— Vous ne fumez pas ?
— Non.
— Oh ! c'est pour vous donner un genre.

— Non, non ! Merci ! Pas ce soir. Je ne fume que quand j'ai bien dîné.

FUSIL

Le bruit de fagot cassé des fusillades.

Le rat au bout de la branche, le chat sur le tronc. Ni l'un ni l'autre ne bouge. Coup de fusil. Le rat tombe. Le chat vole, flaire et s'éloigne, un peu étonné tout de même de sa puissance.

Des chiens en chasse aboyaient au soleil : un coup de feu, et le soleil tomba.

Tirer des balles dans des toiles d'araignée.

G

GAIETÉ

Gais comme un couple qui s'épouse.

Comme c'est joli et naturel, une fleur de gaieté dans un parterre d'ennuis !

Avec cela, gaie, prenant la vie par les fleurs, le soleil, tout ce qui brille, tout ce qui chante, tout ce qui sent bon gratis.

Il y a, sur ma table, des pensées dans un verre à champagne. Ce doit être un symbole. Il faut faire la noce de temps en temps pour s'épurer l'intelligence.

GEAI

Le sous-préfet aux champs. (12)

Le geai passa la revue des arbres dans un costume officiel. (12)

Vol pesant des geais aux ailes bleues de ciel, qui poussent régulièrement leur cri monotone et sauvage. (5)
Les geais crient sur le bois comme des charrues.

GELÉE

Première gelée. Un peu de glace dans une feuille de chou.

Il a gelé cette nuit et, ce matin, la terre, les arbres, les toits, ont de petites plumes.

GÉNÉREUX

Il est plus facile d'être généreux que de ne pas le regretter.

C'était un cœur d'or...
Qu'il rende l'argent tout de suite. (31)

(*Généreux*)

— Je ne dis pas ce que je donne, moi, dit-il.
Mais il ne donne rien.

GÉNIE

Nous naissons tous avec un génie diffus dont il faut savoir se débarrasser.

Qu'est-ce qu'un homme qui ne se propose pas d'avoir du génie.

Pas de génie, mais de petits génies éphémères.

Médiocre en tout, excepté en génie.

GÉNIES

Les génies sont ceux qui peinent dix-huit heures par jour d'une manière infatigable. La gloire est un effort constant.

Comment voulez-vous qu'un homme qui n'élève jamais la voix puisse passer pour un homme de génie ?

Cet homme de génie est un aigle bête comme une oie.

Barrès, un génie charmant, dans trop de papier de soie.

Avec Hugo, Lamartine, Chateaubriand, le génie est monté trop haut. Il s'est cassé les reins. Maintenant, il se traîne sur la route comme une oie de village.

GÉRANIUM

Un géranium lourd de soleil pendait ses feuilles en bec de grue.

Un géranium se penche au bord d'un pot cassé et par ses becs de grue égoutte son odeur. (6)

GIFLE

Il vient de recevoir une gifle qu'il ne rend pas, et il aperçoit un gosse qui se tord. Il va à lui et lui dit, furieux :

— Vous aussi vous voulez une gifle ?

— Elle a la main leste ?

Une raquette. (23)

Caresse : une calotte de velours.

GIRAFE

La girafe, sa tête au bout d'une pique. (12)

La girafe porte-drapeau.

Les girafes qui font croire au diable.

(*Girafe*)

La girafe qui, de sa langue noire, lèche le mur ou se l'enfonce jusqu'au fond du nez.

GIROUETTE

Les girouettes qui ne peuvent pas se voir en face.

La vie apparente, l'air docile et résigné d'une girouette.

La girouette immobile comme si, tout à coup, elle pouvait se mettre à penser.

Si la girouette pouvait parler, elle dirait qu'elle dirige le vent.

Girouette. Le coq du clocher fait trois petits tours et reste.

GLACE

La glace sucée par les lèvres de l'eau.

Des morceaux de glace montrent le dos et nagent comme des poissons.

La glace répandue sur le pré comme des glaces brisées.

Glaçons qui, réunis en flottille, brillent comme des morceaux de vitres. (6)

GLOIRE

La gloire, c'est la fumée sans feu dont on parle tant.

Si la gloire était commune et répandue comme l'air, il n'y en aurait pas assez pour tout le monde.

Dans l'ombre d'un homme glorieux, il y a toujours une femme qui souffre.

Il suffit de goûter à la gloire : inutile de s'en bourrer.

Ah ! parmi nos petites gloires lumineuses, que de bouts de chandelle !

Gagner sa gloire à la sueur de son front.

Il portait sa couronne de lauriers sur l'oreille.

GLOIRE (Ma)

J'aime dans ma gloire ce qu'elle a de vexant pour les autres. (26)

Me voilà glorieux, soufflé d'aise comme une pomme de terre.

J'envie la gloire de n'être pas connu.

GOÛT

Le goût est une maladie mortelle. C'est le « A quoi bon ! » littéraire.

Le goût, ça peut être la peur de la vie et de la beauté.

Le goût mûrit aux dépens du bonheur.

Un goût si mauvais que c'est encore du goût.

Ce qui nous paraît de mauvais goût, c'est ce que nous ne sommes pas en humeur de goûter. Un quart d'heure plus tard ou plus tôt, et c'était savoureux.

GOUVERNEMENT (Hommes de)

Les rois : les gros numéros de l'Histoire.

— C'est Louis XIV qui a régné soixante-douze ans.
— Il devait rudement bien régner. (2)

Louis XIV, sa dignité d'horloge.

Quand on annonça à cet homme de gouvernement : « Votre femme est morte », il demanda :
— Est-ce officiel ?

GRAS

Gras dans une redingote dont l'ouverture fait un beau clocher sur ses fesses.

D'une femme grasse, il dit qu'elle a les os bien cachés. (31)

GRENOUILLE

Grenouilles. Elles sautent de l'herbe comme de lourdes gouttes d'huile frite. Elles se posent, presse-papiers de bronze, sur les larges feuilles du nénuphar. (12)

Immobile, elle semble, ses gros yeux à fleur d'eau, les tumeurs de la mare plate. On mettrait un sou, par sa bouche, dans la tirelire de son ventre. (12)

Les coudes levés, les poings aux yeux, la grenouille pleure.

Deux grenouilles, l'une verte, l'autre, presque bleue, sur un morceau de bois, immobiles, comme fascinées par un serpent invisible.

Grenouilles. Par brusques détentes, elles exercent leurs ressorts. (12)

GRENOUILLE (Cri de la)

La grenouille pleure, les deux pattes de devant sur une pierre, les yeux hors de la tête, menaçante, très quos ego !... Mais elle ne trouve rien à dire.

Les grenouilles rient, les pattes jointes sur la gorge.

Le chant lointain d'une grenouille qui est à nos pieds dans l'herbe.

Grenouille. Il y aura réception chez elles ce soir ; les entendez-vous rincer leurs verres ? (12)

GRILLON

Le grillon remonte sa minuscule montre. (12)

Le grillon, comme par une chaînette dont la poulie freine, descend jusqu'au fond de la terre. (12)

Grisé d'odeurs, parmi les fleurs de toutes sortes,
Grave, le grillon noir écoute sur sa porte. (25)

GRIVE

Pauvre grive nuancée, élégante et fine qu'on compare à un homme soûl.

Les grives lèvent souvent leurs têtes fines, élancées, élégantes, droites sur leurs pattes minces, trottinantes, toujours sur le qui-vive, le ventre tacheté de blanc. (5)

Soudain les grives partent et filent d'un trait, lancées en projectiles, les ailes presque collées, silencieuses. (5)

GROS

Gros homme qui porte son ventre comme un instrument à vent.

De Flers et Caillavet s'arrondissent de plus en plus ; ils montent à l'assaut en roulant.

Bauër. Magnifique comme un soleil de confiserie, il déborde sur la pâle Sarah.

GROSSE

La grosse dame se cramponnait à son amant maigre comme l'abat-jour au verre de lampe.

Une grosse femme dont l'amour pesant l'aplatissait comme un calepin.

Le cordon du tablier la divise en deux boules d'égale grosseur. (28)

(*Grosse*)

Grosse dame. Encore une qui ne mourra pas de langueur à la chute des feuilles.

Femme avec un double menton de lapin russe.

Il y avait aussi une femme énorme. Naturellement, elle était avec un tout petit homme, et je me disais :
« Comment fait-il pour la remuer ? » (7)

GRUE

Sourires des grues. C'est charmant. Ça naît et s'efface avec une rapidité !... Des éclairs de chaleur.
Et son âme de grue a des yeux de pervenche.

Elles sautillent sur le trottoir comme des points d'interjection dans un vers de théâtre. (20)

C'est une grue, une vraie grue de Paris.
On croit même qu'elle est en carte, qu'elle s'est fait faire des cartes de visite à la Préfecture.

Elles ont sous le nez un trait éclatant et dur : c'est leur bouche. Mais il semble plutôt que ce soit une fente de tirelire. Il suffit d'y jeter un louis qui tombe sur leur cœur, sensible comme un pèse-lettre, pour avoir aussitôt un petit flacon d'amour bien imité et ressemblant à s'y méprendre à de l'amour de femme honnête. (20)

GUÊPE

La guêpe : elle finira pourtant par s'abîmer la taille. (12)
Il disait aux guêpes qui l'agaçaient :
Allez-vous-en butiner.

GUERRE

La guerre n'est peut-être que la revanche des bêtes que nous avons tuées.

Guerre, il n'y aurait qu'à dire à l'ennemi : « Ne venez pas ! nous avons la fièvre typhoïde. »

Braves morts au champ d'honneur, mais les peureux aussi y sont morts, et s'en seraient bien passés.

Le ministre de la Guerre a donné sa démission : La guerre est supprimée.

GUÊTRE

Des guêtres sur ses souliers. Oh ! ces guêtres ! Elles se soulèvent comme des visières, des visières à plis.

Guitry, morne dans des guêtres très épaisses comme des armures contre les vipères.

H

HABILETÉ

Tâchons d'être pleins d'indulgence pour l'habileté des autres, et n'ayons pas l'air de nous vanter de notre maladresse.

Expérience : un cadeau utile qui ne sert à rien.

HAIE

Les haies n'ont plus que leurs pointes et leurs épines.

La haie me tend ses soucoupes de sureau violemment parfumées. L'oiseau ne s'y accroche pas aux épines.

Les ronces ont de petits toupets comme Rochefort : c'est leur maladie.

Aubépine. Ce matin toute la haie se marie.

Les buissons semblaient saouls de soleil, s'agitaient d'un air indisposé et vomissaient de l'aubépine, écume blanche.

HAINE

Un peu de haine purge la bonté.

La haine soutenant mieux que l'amitié, si on pouvait haïr ses amis, on leur serait plus utile.

C'est peut-être parce que le chardon pique qu'il ne craint pas la sécheresse. Il ne faut pas être trop indulgent : un peu de haine protège.

Nous sommes amis comme ça, mais commencez le premier ! Dites-moi, écrivez sur moi quelque chose de désagréable, et vous verrez comme je vous répondrai, et quelle bonne haine réciproque couvait chacun de nous deux.

HARPISTE

La harpiste, une grande harpie dorée... La femme écureuil. Ses doigts grimpent sur les cordes. Il y en a une qu'ils n'ont pas touchée, sans compter celles de mon cœur.

Une petite fille en cage derrière une grande harpe ondulée, grattant avec ses doigts les barreaux de sa cage.

HÂTE

Nous sommes trop pressés. Que dirions-nous du semeur qui voudrait voir tout de suite lever son blé ?

Ils ne croient pas vivre s'ils ne vivent dans l'affolement.

Les gens pressés qui ne s'asseyent que d'une fesse. (14)

HERBE

Brin d'herbe fin et souple comme une pointe d'épée. (5)

Çà et là, des herbes plus vertes que les autres comme sous le coup d'une émotion.

Le matin, chaque grande herbe porte une toile d'araignée comme une petite voile. Le soleil paraît, et tout sombre.

La luzerne, verte, ondulée et mystérieuse comme un lac.

HÉRISSON

Le hérisson frisé comme des baguettes de tambour.

Hérisson. On finit par s'apercevoir qu'il avait une oreille pleine de vers. Il tournait nuit et jour pour attraper son oreille.

Chasse. Deux hérissons dans leur nid de feuilles. Pointu (chien) les fait sortir de la haie avec la patte, comme des marrons trop chauds, puis il les prend dans sa gueule, mais ça brûle, et il les dépose.

HÉRITAGE

Héritage. La mort nous prend un parent, mais elle le paie, et il ne faut pas beaucoup d'argent pour qu'elle se fasse pardonner.

Mes enfants, pour tout héritage, je vous laisserai mon âme, par écrit.

HEURE

Il donnait l'heure par lettre. (7)

Augustine, qui s'est levée trop tard, arrange tout en retardant l'horloge de trois quarts d'heure.

HEUREUX

Il n'est pas nécessaire de vivre mais il l'est de vivre heureux.

Les gens heureux n'ont pas le droit d'être optimistes : c'est une insulte au malheur.

Pour être heureux comme un roi, il suffit de mener une vie simple comme bonjour.

Quand on aura répandu cette idée que pour être heureux il suffit d'être intelligent, tout le monde croira au bonheur, et personne ne voudra passer pour imbécile. (7)

Il était heureux et, chaque fois qu'il respirait, le bord de la table et le bord de son ventre se touchaient.

Sa femme est heureuse comme une petite vierge.

Ce matin, je suis heureux : tous mes petits ballons me tirent en haut.

HEUREUX (Imparfaitement)

Quand un homme dit : « Je suis heureux », il veut dire bonnement : « J'ai des ennuis qui ne m'atteignent pas. »

Toujours heureux et jamais contents. (7)

Le pays du rêve où l'on plaindrait les gens heureux...

Je suis tristement heureux...
C'est le seul bonheur qui soit de ce monde. (31)

Je suis un homme heureux, car j'ai renoncé au bonheur.

HIRONDELLE

L'hirondelle et son air prêtre.

Les hirondelles en smoking.

L'hirondelle à cul blanc. (12)

L'hirondelle avec son petit pantalon blanc.

Le matin, dès l'aube, les hirondelles se rincent le bec en gazouillant.

HIRONDELLES (Vol d')

Hirondelles. Sourcils épars dans l'air.

L'hirondelle, le jouet préféré du vent.

L'hirondelle dont le vol est partout et qui n'est nulle part.

Les hirondelles s'enivrent de leur vol.

Au vol, elles se passent de bec à bec, leurs petits cris.

(*Hirondelles (Vol d')*)

Hirondelles. Pas un sentier de l'air qu'elles ne suivent.

L'hirondelle qui tourne autour d'une cheminée, mais si rapide que toujours elle semble venir de loin.

HIRONDELLE et ponctuation

Elles pointillent l'air de petits cris.
Elles tracent une raie droite, posent une virgule au bout, et, brusquement vont à la ligne.
D'une plume légère, elles bouclent d'innombrables parafes.
Puis, deux à deux, en accolade, elles se joignent, se mêlent, et, sur le bleu du ciel, elles font tache d'encre. (12)

HISTOIRE et histoires

L'histoire n'est qu'une histoire à dormir debout.

Chercher des Mémoires où l'auteur ne prenne pas toujours à tâche de passer pour indépendant.

Quand l'un d'eux a la patience d'écouter une histoire jusqu'à la fin, c'est qu'il lui faut tout ce temps pour préparer la sienne.

HIVER

Hiver. Ce soleil glacé dont on ne peut jouir que derrière la fenêtre.

L'hiver, un long couloir comme une cheminée.

L'hiver, il faut repousser la neige comme des ours blancs.
Quel épicier aligna tous ces pains de sucre ?

Hiver. Une fumée pâle dans la pâleur diffuse d'un air froid.

HOMME

L'homme, ce condamné à mort.

Je soussigné chez le concierge, ce matin : « L'homme est un arbre qui va refleurir ailleurs ».

L'homme est un animal qui a la faculté de penser quelquefois à la mort.

L'homme, cette taupe de l'atmosphère.

L'homme est un animal qui lève la tête au ciel et ne voit pas les araignées du plafond.

Cent mille âmes, combien cela peut-il faire d'hommes ?

HOMMES (Grands)

La récompense des grands hommes, c'est que, longtemps après leur mort, on n'est pas bien sûr qu'ils soient morts.

Oui, je sais. Tous les grands hommes furent d'abord méconnus ; mais je ne suis pas un grand homme, et j'aimerais autant être connu tout de suite.

HONNÊTETÉ

L'honnêteté ne gagnerait rien à être générale. C'est un talent, un art, comme l'art dramatique.

Il est plus difficile d'être un honnête homme huit jours qu'un héros un quart d'heure.

Il n'y a rien à reprocher à ma sœur. J'en mettrais ma main au feu. Pour l'activer ? (16)

Je suis un honnête homme, moi, monsieur !
— Vous avez tort : c'est un mauvais métier.

Honnête homme pour me singulariser.

HORIZON

Un horizon chaud et rouge comme une tuilerie.

Quant à l'horizon, il était extraordinaire : on ne le voyait plus.

HORLOGE

Horloge. Le pas lourd du balancier, ce pas de vieux paysan qui peine toujours.

Horloge, c'est le Juif Errant. Écoutez ce pas boiteux, et lent, et fatigué, qui ne s'arrête jamais.

L'horloge qui marche, sur place, d'un pas lourd et cadencé. Une, deux ! Une, deux !

Une horloge droite et plate comme une vieille Anglaise.

HÔTEL

Beaux hôtels, belles rangées de tables bien préparées, beaux domestiques. Il serait dommage qu'un client vînt déranger tout ça.

Grivèlerie : ce n'est pas la chasse aux grives.

HUMOUR

L'humoriste, c'est un homme de bonne mauvaise humeur.

Humour : pudeur, jeu d'esprit. C'est la propreté morale et quotidienne de l'esprit.

(*Humour*)

L'ironie est surtout un jeu d'esprit. L'humour serait plutôt un jeu du cœur, un jeu de sensibilité.

Je me fais une haute idée morale et littéraire de l'humour.

HUMEUR (Mauvaise)

Oh ! la mauvaise humeur qui cristallise ! Penser à être de mauvaise humeur, c'est la créer. Ce doit être avec ce fluide-là que les derviches font, à vue d'œil, pousser les fleurs.

Le détestable plaisir, presque un remède, d'exercer sur les autres sa mauvaise humeur.

Ne pas prendre de la mauvaise humeur pour du bon goût.

J'ai envie de casser la faïence de la tête de chien qu'il fait.

HUMEUR (Ma mauvaise)

Ma mauvaise humeur inaltérable.

Et ne dites donc pas que j'étais toujours de bonne humeur ! Je n'avais pas une nature de cette banalité.

Moi aussi, j'ai mes brusques changements de temps et mes longues périodes de sécheresse.

Je suis d'humeur à traiter n'importe quelle femme de sale grue, excepté peut-être une belle grue.

Parfois, je n'ai plus de sang pour faire de la mauvaise humeur.

Pourquoi m'appelle-t-on mauvais coucheur ? Je couche avec si peu de gens.

HYPOCRISIE

Hypocrites, ils comptent sur la gentillesse de leurs amis et ne ménagent que la méchanceté de leurs ennemis.

— J'ai un de mes amis qui ne peut pas comprendre ce que vous faites.

— Cet ami, c'est vous ?

I

IDÉAL

L'idéal, un rêve précis.

Très grand et très pauvre, voilà l'idéal.

L'idéal, espèce de sac élastique où chacun met ce qu'il veut ou plutôt ce qu'il a et souvent ce qu'il n'a pas. (3)

Tel qui veut se griser d'air pur, s'enivrer sur les hauteurs, n'arrive qu'à s'enrhumer.

IDÉE

Prendre par le cou l'idée fuyante et lui écraser le nez sur le papier.

N'importe quelle idée semble personnelle dès qu'on ne se rappelle plus à qui on l'a empruntée. (3)

Rester à l'affût de son esprit, la plume haute, prêt à piquer la moindre idée qui peut en sortir.

L'idée prête à s'envoler comme un moineau au bord d'un toit, et qu'on retient.

Cette idée usée qui achevait de se dérouler en son esprit comme l'écho continue la voix. (9)

Un rhume de cerveau fait plus souffrir qu'une idée.

IDÉES

Idées générales. Ainsi appelées parce que personne n'en use.

Idées personnelles, ainsi nommées parce qu'il faut les garder pour soi. (23)

A la fin d'une longue discussion, nous arrivâmes à conclure qu'au fond il n'y a rien de plus particulier qu'une idée générale.

(*Idées*)

Idées larges dans un esprit étroit.

Des idées à peine remuantes, comme des crabes écrasés.

— Papa dit qu'on est très large d'idées quand on n'en a point. (1)

IDÉES (Mes)

J'ai de pauvres idées comme un troupeau d'oies dispersées.

Des idées larges que je tiens étroitement.

J'ai une idée comme je regarde un oiseau : j'ai toujours peur qu'elle ne s'envole, et je n'ose pas y toucher.

J'ai un front d'hydrocéphale, et mes idées disparaissent à chaque instant dans l'eau. Elles reparaissent, comme noyées.

Un peu avant le coucher du soleil, l'heure où il ne me vient que des idées fines, si fines que mon cerveau est comme un arbre dépouillé de feuilles.

Ma tête est comme une basse-cour. Quand j'appelle les idées poules pour leur donner du grain, ce sont les idées canes, oies ou dindes qui accourent.

IDÉES des autres

Un jour, il épousa une idée, pauvre, mais bonne, qui le rendit heureux toute sa vie. Et ils n'eurent pas plus le sou à leurs noces d'or qu'à leurs noces d'argent.

Elle disait : « Je respecte les idées des autres. » Cependant, sans relâche, elle poussait ses idées, devant elle, chez les autres, comme les pions d'un jeu de dames.

Il devait parfois écumer ses idées bouillonnantes.

Elle se croit, au cerveau, une pelote de glu, où toutes ses idées sont collées comme des pattes de mouches. (6)

Avec les idées qu'il épouse, Barrès ne fait jamais que des mariages de convenance.

IGNORANCE

La jeunesse, c'est l'ignorance, et je sais bien mieux qu'à vingt ans que je ne sais rien.

Vitu, à l'encyclopédique ignorance. (4)

J'ai honte de mon inexpérience comme un interne qui fait sa première opération sur un corps vivant, avec des outils qui ne coupent pas. (11)

(*Ignorance*)

Mon ignorance et l'aveu de mon ignorance, voilà le plus clair de mon originalité.

ILLUSION

Il faut avoir de grosses illusions bien grasses : on a moins de peine à les nourrir.

La vérité créatrice d'illusions, c'est la seule que j'aime.

IMAGE

L'image est, dans le style, un germe de corruption.

L'image, cette cause de vieillesse du style.

Ramener les images au bercail où on les examine, où on les compte, où l'on sépare les saines des galeuses.

Une image d'Épinal ne doit pas durer plus d'une image.

Huysmans traîne l'image par les cheveux ou par les pieds comme l'escalier vermoulu de la syntaxe épouvantée. (4)

IMAGINATION

L'imagination d'un observateur s'atrophie : c'est un organe inutile.

Votre imagination a une envergure d'aigle et un appétit de moineau. Il vous suffit de déplacer un meuble pour croire que vous déménagez, et d'ouvrir une fenêtre pour croire que vous êtes libre. (19)

Je n'ai qu'une imagination rétrograde. Je n'imagine que le passé.

Mon imagination, c'est une bouteille, un cul de flacon déjà vide.

IMPORTUN

Tu m'agaces comme si tu mangeais une pomme verte.

Il trouvait si embêtant d'embêter les gens qu'il n'arrivait à rien.

IMPUISSANCE

« Ah ! » me dit le noble vieillard en sortant de la vespasienne. « L'Homme est comme un temple. Quand la colonne est brisée, il tombe, et les femmes n'y portent plus leurs dévotions. »

INCRÉDULITÉ

Un homme qui ne croit à rien peut faire le plus bel honnête homme.

Boussole. Cette petite aiguille bleue qui cherche le nord, c'est une leçon à notre incrédulité.

INCROYANCE

Cet homme a dû envoyer ses témoins à l'évêque le jour où il a été confirmé.

J'ai l'esprit anticlérical et un cœur de moine.

Ma religion m'est tombée comme une peau.

INDIFFÉRENCE

Les coïts de sympathie, mais, après, c'est l'indifférence, l'oubli.

Nous avons de l'amour pour une ou deux femmes, de l'amitié pour deux ou trois amis, de la haine pour un seul ennemi, de la pitié pour quelques pauvres ; et le reste des hommes nous est indifférent.

Vous m'êtes sympathique comme un homme qu'on a vu trois fois dans sa vie, c'est-à-dire que vous m'êtes indifférent. (5)

Faites bien attention de ne pas faire attention à lui.

Je ne me suis pas lavé les mains depuis Ponce Pilate.

Indifférent comme un bœuf qui n'a pas pu se vendre à la foire.

INDISCRÉTION

Quand on commet une indiscrétion, l'on se croit quitte en recommandant à la personne d'être... plus discrète qu'on ne l'a été soi-même.

— Prends garde ! Il ne faut jamais répéter ce qu'on n'a pas entendu soi-même.

— Qu'est-ce que ça fait, dit une femme, que je le répète à tout le monde, puisque c'est sous le sceau du secret.

— Je vous dis ça à vous.

— Oui, pour que je le répète aux autres.

INFINI

L'infini en nombre rond.

Mettre les points sur tous les « i » de l'infini.

INIMITIÉ

Il a une dent gâtée contre moi.

Il semble qu'il y ait entre nous un tas d'aiguilles. On se pique à chaque instant. Ce n'est pas douloureux, mais le sang vient tout de même.

(*Inimitié*)

Il me donne le bras et je m'arrange pour que les arbres du trottoir nous séparent à chaque instant.

Tu as assez d'ennemis pour que je ne manque pas d'amis.

INJURE

Et cette aisance naturelle avec quoi les gens du monde, les financiers surtout, se traitent de fripouille !

— Allons, dégoisez !
— Insolent !
— Mais, chère madame « dégoisez » se dit du ramage des oiseaux.

Réponse à une injure sanglante :
— Oh ! vous dites ça pour me taquiner.

INNOCENCE

Innocent comme la mère de l'enfant qui vient de naître.

Aux innocents, les mains pleines de sang.

INSECTES

Coccinelle : une petite tortue qui tout à coup s'envole.

Fourmis : petites perles noires dont le fil est cassé.

Tombé, le hanneton ne replie pas avec soin ses ailes : toujours quelque chose dépasse.

Le perce-oreille a au bout de la queue une petite fourchette pour déjeuner. (2)

INSPIRATION

L'inspiration, ce n'est peut-être que la joie d'écrire : elle ne la précède pas.

On se met au travail. Longtemps, rien. On ne cherche même pas. Tout à coup, un je-ne-sais-quel souffle qui passe, le feu prend.

J'ai appris à des jeunes gens l'art de pêcher à la ligne, mais ils ne savent pas choisir leur poisson.

INSPIRATION (Mon)

La vie est la mine d'où j'extrais la littérature qui me reste pour compte.

Je pique indifféremment de petits faits, et je me suis habitué à leur morphine.

(*Inspiration (Mon)*)

Je m'amuse quelquefois à regarder dans le vague, et j'en extrais, j'en exprime, avec des mots, tout ce qu'il contient de précis.

A l'affût, j'attends tout ce qui me passera par la tête.

Deux tirages en moi, et ça ne donne que de la fumée.

INTELLIGENCE

Une belle intelligence, avec une arrière-boutique.

Notre intelligence, c'est une bougie en plein vent.

Rares les figures intelligentes d'hommes intelligents.

Personne ne souffre d'être moins intelligent que le voisin.

Il y a plus d'instinct chez telle fourmi que chez tel pauvre homme.

Trop d'intelligence dégoûte d'elle-même.

INTELLIGENCE (Mon)

Mon Dieu, je suis intelligent, plus intelligent que bien d'autres. C'est évident, puisque je lis sans m'endormir la Tentation de saint Antoine. Mais cette intelligence, c'est comme une eau qui coule inutile, inconnue, où l'on n'a pas encore installé un moulin.

INTELLIGENCE des autres

Léon Daudet, une jolie intelligence qui se retient, à chaque instant, de sauter par la fenêtre.

Jaurès : fumée en haut, peut-être, mais, en bas, la marmite bout.

Sully Prudhomme, d'une profondeur toujours égale. On s'y baigne sans vertige et jamais on ne perd pied.

Sarah : elle a l'air intelligent quand elle écoute des choses qu'elle ne comprend pas.

INTÉRESSANT

Acquiers le talent de dire sans bâiller : « C'est intéressant ».

Ils sont intéressants comme des abeilles dégénérées.

J'ai l'air intéressant d'une pâle accouchée.

INTÉRÊT

Ce n'est point parce qu'il y a une rose sur le rosier que l'oiseau s'y pose : c'est parce qu'il y a des pucerons.

Essaie de ne rien accepter des mains que tu n'aurais aucun plaisir à serrer si elles ne t'offraient rien.

(*Intérêt*)

— Je ne l'avouerai pas à un autre ; ça ne rapporte guère.
— De quoi payer le tabac ?
— Et encore parce que je ne fume pas. (16)

INTROSPECTION

Attendez ! J'ai jeté ma ligne en moi. Le bouchon remue.

Je jardine dans mon âme.

Avec ma lanterne, j'ai trouvé un homme : moi. Je le regarde.

Je me tiens, et ne me lâcherai pas avant de me connaître.

INVITATION

Ils n'invitent jamais à dîner : quand il y en a pour un, il n'y en a que pour un.

— Non merci. Je passe la soirée avec moi.

Le grincheux :
— Votre couvert est toujours mis.
— J'aime mieux que vous me fixiez un soir, tenez : ce soir si vous voulez.

IRONIE

L'ironie est la pudeur de l'humanité.

L'ironie étant la pudeur de la sincérité. (10)

L'ironie ne dessèche pas : elle ne brûle que les mauvaises herbes.

Je n'ai qu'une ironie de ruminant. Je ne m'amuse qu'au souvenir des choses.

Moquerie. Il a toujours le petit mot pour faire rire de lui.

IVRESSE

Un monsieur tellement saoul qu'il mettait ses bottines dans sa table de nuit et son pot de chambre à la porte de sa chambre d'hôtel pour le faire cirer.

Le visage de l'ivrogne comme gravé à l'eau-de-vie.

Je suis un peu ivre : j'ai une tête d'arbre qui se balance au vent.

L'homme ivre rentre et regarde les objets de sa maison tourner autour de lui. Sa femme lui dit :
— Eh bien, tu ne te mets pas au lit ?
— J'attends qu'il passe, répond l'ivrogne.

J

JAMBE

Une petite fille, avec de jolies chevilles ouvrières.

Il a perdu une jambe en 70 : il a gardé l'autre pour la prochaine guerre.

On a dû lui couper une jambe. Comme elle a, au cimetière, une concession de trente ans pour son beau-père, elle y a fait déposer sa jambe.

Elle a les chevilles trop en relief, des doigts chevaucheurs, des mollets dégorgés. (6)

Elle met le premier bas. Et tandis que la soie, toutes ses mailles titillées, fait des délices de la peau... (6)

— Ça me fait une belle jambe !
— Madame, vous n'aviez pas besoin de ça.

JARDIN

Les jardins sont semés de fœtus.

Le jardin. On entend presque bourdonner les germes.

Le jardinier à poche de sarigue.

Il lui interdisait de mettre des rideaux aux fenêtres, afin qu'il pût voir sans cesse le beau rideau de son jardin.

Elle plaça son pot de réséda près d'un pied de réséda du jardin pour lui montrer comment on pousse.

JEU

Ils avaient, l'un et l'autre, tellement l'habitude de perdre que, un jour où ils jouèrent ensemble, ils perdirent tous les deux.

(*Jeu*)

Il joue au jacquet et compte les points avec ses doigts, comme s'il trottait sur le tapis, comme s'il passait un ruisseau sur des pierres.

Il jouait aux cartes avec sa fille et jurait quand il perdait. Elle prit le parti de le laisser toujours gagner. Alors, il se fâcha parce qu'il ne gagnait pas assez vite.

JEUNESSE

On ne comprend pas plus la vie à quarante ans qu'à vingt, mais on le sait, et on l'avoue. C'est ça, de la jeunesse.

Deux jeunes gens très Paul et Virginisés.

Maintenant, on apprécie les petits jeunes gens, non parce qu'ils ont du talent, mais parce qu'ils cherchent « le problème de la destinée ».

JOIE

La joie, ce n'est jamais bien agréable. On ne sent plus. C'est comme si tout le cœur n'était qu'une crème fouettée.

Comme la joie est vite fatigante ! Pour rien au monde je ne voudrais être trop heureux. La joie fait au cœur l'effet d'une glace qui brûle.

Que de joies qui s'éteignent mal, qui charbonnent à la fin.

Il eut une grosse joie et vécut dessus jusqu'à sa mort.

Mes petites joies ne sont que le feuillage de l'ennemi qui approche, du malheur.

JONC

Fleurs de soleil, les joncs laissaient tomber leurs pointes. (5)

Le bruit de soie que font les joncs.

Inclinés par le vent, les joncs me saluaient doucement de l'épée.

JOUE

Des pommettes d'api.

Ses joues ridées semblent deux jaunes tablettes d'écriture ancienne. (6)

Des joues enflées, comme piquées au milieu par une mouche.

JOUE des autres

A Madame Ros { emonde
t...and ...

(*Joue des autres*)

Madame, qui semblez,
De moins en moins âgée,
Et dont la joue a les
Couleurs d'une dragée. (7)

Les joues de Ragotte, de la vraie peau de chagrin. Elle a tant pleuré !

Tailhade, sa figure, sa pommette éclaboussée par la bouche.

JOUR

S'il y avait une Parque qui coupait le fil des jours, il y en avait une qui faisait les reprises.

C'est le premier jour de l'année, et, Grand Dieu Seigneur ! ce n'est sûrement pas le dernier.

— Mercredi prochain, c'est le dernier jour du mois.
— Il en est bien capable.

JOURNALISME

La liberté d'une presse qui fonctionne plutôt comme un pressoir.

On débute dans le journalisme : il faudrait finir par là et n'offrir aux lecteurs que les beaux fruits d'une expérience qui n'a pas poussé trop vite.

Telle prose de vieux chroniqueur, c'est de la graisse pour la machine du journal.

Une salle de rédaction. Dans la salle d'attente, une vieille femme, avec un vieux cabas, qui semble attendre qu'on lui apporte des épluchures d'articles.

JOURNALISME (Mon)

J'écris au Figaro : mais, ces petits poèmes en prose, c'est comme des sources : pour les chercher et les trouver dans les broussailles du journal, il faut avoir bien soif !

Ah ! que j'écrirais de belles choses dans un journal, qui n'aurait pas un lecteur.

Dans les salles de rédaction, il me semble que je perds mon temps sous moi.

Un journal qui s'est assuré contre ma collaboration.

JUGE DE PAIX

Le juge avec sa toque, coiffé comme un gros crayon.

Un juge de Paix. L'air stupidement fermé d'un homme qui craint qu'on ne s'aperçoive qu'il juge au petit bonheur.

Juge de Paix ne parlant que de guerre.

Ce serait beau, l'honnêteté d'un avocat qui demanderait la condamnation de son client.

JUSTE

Sommeil du Juste ! Le Juste ne devrait pas pouvoir dormir.

Si tu crains la solitude, n'essaie pas d'être juste.

JUSTICE

La grande erreur de la justice, c'est de s'imaginer que ses accusés agissent toujours logiquement.

Il y a une justice, mais celui qui la rend batifole ; c'est un juge jovial, qui se moque de nous, nous attrape, mais qui, tout pesé, ne se trompe jamais.

La justice est gratuite. Heureusement, elle n'est pas obligatoire.

JUSTICE (Erreurs de la)

Il y a une justice, mais nous ne la voyons pas toujours. Elle est là, discrète, souriante, à côté, un peu en arrière de l'injustice qui fait gros bruit.

La justice de ce monde ne me donne pas une rassurante idée de la justice dans l'autre. Dieu, je le crains, fera encore des bêtises : il accueillera les méchants au Paradis et foutra les bons dans l'Enfer.

L'injustice immanente.

K

KANGOUROU

Le kangourou, puce géante.

Le kangourou a le cabriolet aux mains.

Le kangourou marche sur ses mollets.

Le kangourou saute par bonds précis et élastiques tout le long de son allée et semble dire, ses deux pattes de devant sur la poitrine : « Je vous demande bien pardon, mais quand ça me prend, c'est plus fort que moi : je ne peux pas m'en empêcher. »

Le kangourou géant. Il s'est cassé les jambes pour pouvoir marcher à quatre pattes, mais les bras sont encore trop courts.

L

LAIDEUR

Des laideurs étudiées comme des têtes de cannes.

Il était si laid que, lorsqu'il faisait des grimaces, il l'était moins.

« La plus belle fille du monde... » Mais la plus laide donne plus.

Oui, dit-il : je l'ai échappé laide.

On ne lui apprend pas à faire des grimaces, parce qu'il est allé chez les singes, à Bornéo.

LAMPE

Belle lampe au bec compliqué, haute sur tige, et dont l'abat-jour s'écarte comme une jupe.

Le verre de lampe met au plafond son œil de cyclope.

Pas de lustre au milieu, mais des bougies comme des vers luisants cachés dans les coins.

Crépuscule. Le cuivre s'allume un peu avant la lampe.

LANGAGE

Quel langage de portefaix ! Il doit avoir la langue toute verte.

Ernest-Charles a un peu le langage redoublé et puéril dont on se sert avec les petits chiens.

LANGUE

Une langue comme cette huître qu'on appelle pied-de-cheval.

Se servir de sa langue frétillante, comme un cochon de sa queue, pour ne rien dire. (5)

(*Langue*)

Sa langue paraît souvent sur les lèvres. Elle est, au bord de la bouche, comme une petite dame qui fait la fenêtre.

Et, tandis qu'elle parle, elle décroche des petits coups de langue sensuels à des images d'amour qui lui reviennent.

Entre les lèvres d'une bouche, la langue d'une jolie femme apparaît lumineuse, humide, toute semblable à une tranche d'orange et sans doute légèrement acidulée. (20)

LANGUES ÉTRANGÈRES

Elle dit qu'elle est russe parce qu'elle parle mal le français.

Elle préfère l'allemand à l'anglais parce que les lettres sont plus jolies.

L'allemand, c'est la langue où je me tais de préférence.

Celui qui me fera retenir des noms anglais n'est pas encore naturalisé.

LANTERNE

La lanterne : une bougie en prison.

La lanterne, cette grosse dame hydropique qui ne sort que le soir.

LAPIN

Le lapin a le geste humain d'un homme qui se peigne la barbe.

Un lapin allongé, les yeux clos, semble dire : « Le monde me fatigue. »

Les lapins, coiffés en tapageurs, les oreilles sur l'œil, le nez en l'air, les pattes de devant raides comme s'ils allaient jouer du tambour. (30)

Lapin. Il a l'air d'un sorcier qui pénètre un mystère.
Ses deux oreilles droites marquent l'heure suprême.
Puis elles se cassent. (12)

Le lapin, œil rond, oreille rabattue, qui fait peur au boa, et qui perd toute retenue, tombe dans la gueule du boa, qui est bien obligé de l'avaler.

Le lapin bélier, noir ou blanc, dont le nez remue comme une paupière, aux oreilles lâches comme une cravate dénouée.

LARMES

La plus sotte exagération est celle des larmes. Elle agace comme un robinet qui ne ferme pas.

(*Larmes*)

Les larmes dégradent la beauté de la douleur.

D'ici là, il aura coulé bien des larmes sous tes arcades.

Tes larmes brillent sur ta joue comme la pluie sur l'oiseau.

Que deviennent toutes les larmes qu'on ne verse pas ?

Il me faudrait pour dire ce que j'éprouve, un mot qui serait à « larmes » ce que « sourire » est à « rire ».

Comme elle n'a pas beaucoup de poitrine, ses grosses larmes tombent par terre, verticales. (6)

LAROUSSE

Le Larousse, complaisant érudit, familier ayant toujours le petit mot pour instruire. (5)

Il recevait beaucoup de visites d'amis parce qu'il aurait pû mettre à sa fenêtre un écriteau portant ces mots : « Ici on lit le Larousse. »

Ils écrivent pour ceux qui n'ont pas de Larousse.

LAVEUSE

Laveuses comme des oies qui battent des ailes au bord de la rivière, avant de se mettre à l'eau.

Une laveuse était déjà agenouillée et se frappait à grands coups comme une pécheresse qui a passé la nuit dehors. (2)

Les laveuses, l'hiver, dans la buée de la rivière, ce sont presque des ondines.

L'eau glacée où les laveuses ont, toute la nuit, l'impression d'avoir laissé leurs doigts.

LÉGUMES

La fine barbe frisée des carottes. (28)

Cornichon, petit cochon vert à qui suffit, pour saloir, un bocal.

Le haricot avec sa guêtre blanche et son petit parapluie.

La laitue (batavia) monte comme une pagode chinoise.

Ce sont les feuilles d'oseille qui boivent le plus. En forme de lèvres tendues, elles n'en perdent pas une goutte.

Les petits pois se couchent de soif au pied des rames.

Les tomates éclatent, et de leurs gerçures, le jus coule. (28)

LENTEUR

Lent comme une vieille femme qui vous apporte une dépêche en montant un escalier.

Lent comme un chariot vide qui n'a rien à rentrer.

LETTRE

La lettre qu'on n'a jamais reçue, d'où dépendait peut-être le bonheur de toute notre vie.

Heureuses les lettres jetées à la poste. Quand on leur colle un timbre rare sur le dos, elles se retrouvent à l'étranger, en pays lointain. (26)

Quand tu écris une lettre, pense que, sous le sceau du secret, elle sera communiquée à tout le monde.

A réfléchir aux lettres que j'écris, je me demande quelle valeur de sincérité on a le droit de trouver a la Correspondance des grands hommes.

LETTRES d'écrivains

Aujourd'hui les hommes de lettres prennent copie de leurs lettres afin que la postérité puisse sans trop de mal réunir leur correspondance.

Elle ne m'écrit jamais de lettre de moins de six pages, et tous les mots sont soulignés.

Renan, ses lettres glacées, et celles non moins frappées, de sa sœur Henriette. Ça, de l'intimité ? C'est de la gelée de confidences.

LETTRES d'amour

Un homme écrit une lettre d'amour à une femme qui ne lui répond pas. Il cherche les raisons de ce silence.
Il finit par trouver ceci :
— J'aurais dû mettre un timbre dans la lettre.

LETTRES (Hommes de)

Un homme de lettres ne doit être qu'homme de lettres : tout le reste est littérature.

Un homme de lettres qui serait poli, qui répondrait à une lettre, à l'envoi d'un livre, ne se croirait pas célèbre.

Un homme de lettres est capable d'avouer ses ridicules pour donner sur sa propre joue un soufflet aux autres. (20)

(*Lettres (Hommes de)*)

L'homme de lettres se dit quelquefois, comme s'il sortait d'un rêve : « Ah ! ça, mais je n'ai pas de métier ! Il faut pourtant que je me décide à en prendre un. »

Homme de peu de lettres.

LÈVRES

Les lèvres ouvertes comme un cran de mire. (11)

Ses lèvres plates et blanches comme des ablettes roulées dans la farine.

Ses lèvres s'avançaient en suçoir. (5)

Ses lèvres orageuses sont deux cerises oubliées par les oiseaux. (2)

Une bouche. Ses lèvres épaisses faisaient rouge dans sa barbe inculte comme un oiseau tout nu dans un nid mal fait.

Il se mange les lèvres comme du grillé de porc.

Monsieur Vernet remue les lèvres comme s'il suçait des paroles. (11)

Claudel. Ses lèvres se soulèvent comme de lourdes tentures à de violents courants d'air. Il parle avec un système de palettes.

LÈVRES et dents

Ses lèvres blanches rentraient dans sa bouche, comme si les pointes de ses dents, pareilles à des aiguilles, en eussent pincé, et mordu, et tiré les bords de l'intérieur, pour les réunir en un surjet solide. (20)

Loti. Ses lèvres se retroussent sur de belles dents, et le reste du visage ne bouge pas. Puis, ses lèvres se rapprochent et l'on dirait qu'elle ont peur de se toucher.

LIBERTÉ

La liberté a les limites que lui impose la justice.

L'homme vraiment libre est celui qui sait refuser une invitation à dîner, sans donner de prétexte.

L'homme libre est celui qui ne craint pas d'aller jusqu'au bout de sa raison.

Il faut que l'homme libre prenne quelquefois la liberté d'être esclave.

Être indépendant comme un anarchiste et bon comme un saint.

(*Liberté*)

Comme les gamins, j'ai toujours envie de me demander à sortir.

Au fond, je suis un timide, un faible, je suis une victime de la liberté que je laisse aux autres. (1)

LIBRE PENSEUR

Libre penseur. Penseur suffirait.

Les libres penseurs qui se convertissent me font l'effet de ces hommes chastes qui méprisaient la femme jusqu'à ce qu'ils se fassent engluer par la première venue.

Quinet et tant d'autres : libres penseurs religieux.

Je suis un libre penseur qui voudrait bien avoir pour ami un bon curé.

LIÈVRE

Ce qui perd le lièvre, ce sont ses ruses. S'il ne savait que courir droit devant lui, il serait immortel.

Le lièvre. Le bruit menu de la feuille qui tombe l'agace. Il s'énerve comme nous si nous entendons craquer nos meubles.

Le gîte d'un lièvre même absent est plein de peur.

LECTURE et moi

Je n'aime lire que les livres qui m'appartiennent : le livre de la vie, par exemple.

Dès que je suis seul, c'est-à-dire sans un livre, me voilà médiocre : mon tirant d'eau diminue.

Il faudrait qu'on me relise avant de me relire : on m'aimerait bien mieux.

LECTURES pour les femmes

Les jeunes filles n'ont pas le droit de tout lire, mais elles peuvent passer leurs après-midi au Jardin d'Acclimatation, à regarder les singes.

Franchement, je ne vois pas quelle lecture peuvent s'interdire des femmes mariées qui font, ou ont le droit de faire la bête à deux dos toutes les nuits.

Elle ne lisait que les livres qu'elle prenait au cabinet de lecture, en suivant le catalogue par lettre alphabétique, et elle n'avait pas encore pu sortir d'Amédée Achard.

LIRE

Chacune de nos lectures laisse une graine qui germe.

Ces heures où l'on a envie de lire quelque chose d'absolument beau. Le regard fait le tour de la bibliothèque, et il n'y a rien. Puis, on se décide à prendre n'importe quel livre, et c'est plein de belles choses.

On a tout lu, mais ils ont lu un livre que vous deviez lire, qui leur donne une supériorité, et qui annule toutes vos lectures.

Les gens auxquels on trouve du talent et qu'on ne lit jamais.

C'est là un livre dont on dit : « Lisons-le tout de suite pour n'avoir pas à le lire plus tard. »

Pour un écrivain qui vient de travailler, lire, c'est monter en voiture après une marche à pied pénible.

LIRE (Façons de)

Lire un livre du bout du pouce.

Tomber sur un livre à regards raccourcis.

Il faut feuilleter les mauvais livres, éplucher les bons.

On entre dans un livre comme dans un wagon, avec des coups d'œil en arrière, des hésitations, l'ennui de changer de lieu et d'idées. Quel sera le voyage ? Quel sera le livre ?

J'aime à lire comme une poule boit, en relevant fréquemment la tête, pour faire couler.

L'écrivain qu'il faut relire le plus souvent pour se corriger de ses défauts, c'est soi-même.

LIS

L'âme blanche des lis transparaît.

Le mépris d'un lis pour un petit pois.

J'ai positivement vu s'ouvrir les lèvres d'un lis où perlait la sueur.

LITTÉRATURE

La gloire, c'est d'être un excentrique de la littérature.

Littérature française, tire ta langue : elle est bien malade.

En littérature, il faut arriver doucement, de peur d'attraper un chaud et froid.

En littérature comme au billard, faire la série.

(*Littérature*)

George Sand, la vache bretonne de la littérature.

Rodenbach, une littérature de cave fraîche.

LITTÉRATURE (Métier de la)

La littérature est un métier où il faut sans cesse recommencer la preuve qu'on a du talent pour des gens qui n'en ont aucun.

La littérature, drôle de métier : moins on en fait, et mieux il faut faire.

Notre métier est dur, mais il est encore plus facile d'y gagner de l'argent que d'écrire un beau livre.

Le métier des Lettres est tout de même le seul où l'on puisse, sans ridicule, ne pas gagner d'argent.

LITTÉRATURE (Ma)

Ma littérature, c'est comme des lettres à moi-même que je vous permettrais de lire.

La vie a toujours été le tuteur de ma littérature : dès que je m'éloigne, je tombe.

Chaque fois que je veux me mettre au travail, je suis dérangé par la littérature.

Parfois, ce que j'écris me semble de la littérature de « furet ».

Quand vous parlez de moi, laissez donc La Fontaine tranquille et les proportions seront bien gardées.

De tout ce que nous écrivons, la postérité ne retiendra qu'une page, au plus. Je voudrais la lui choisir moi-même.

Né pour bêcher un coin, je voudrais remuer toute la terre.

Mon cerveau est gras de littérature et gonflé comme un foie d'oie.

LITTÉRATEURS

Ces littérateurs sont les tonneaux des Danaïdes. Ils laissent passer toute l'humanité.

Les vieux littérateurs en enfance, qui, bavant déjà, écrivent une serviette nouée autour du cou. (26)

L'exsangue Clarétie, un excellent homme de lettres à feuilleter.

Coppée et Theuriet, des rossignols de lettres, le mot étant pris dans son double sens.

LIVRES

Croirait-on qu'un livre a sa pudeur, et qu'il ne faut pas trop parler de lui ?

Porter ses livres écrits sur son visage.

Le véritable auteur d'un livre est celui qui le fait publier.

— Vous avez fini votre livre. Maintenant, qu'allez-vous faire ?
— Je vais le continuer.

Le livre est le seul objet qu'on laisse traîner parce qu'il ramasse la poussière mieux qu'un plumeau. (4)

LIVRE (Appréciations d'un)

Un livre nous déplaît partout où il nous ressemble.

L'haleine du livre qu'on ouvre. Oh ! que celui-là pue de la gueule !

Vraiment, je ne pourrais avaler votre livre que si toutes les lettres étaient en pâtes d'Italie.

LIVRE (Succès d'un)

Il conviendrait de mettre sur nos livres, au lieu de premier, deuxième mille : première douzaine, deuxième douzaine.

L'un :
— Je me vends, donc j'ai du talent.
L'autre :
— Je ne me vends pas, donc j'ai du talent.

— Vous êtes content de votre livre ?
— On l'a retiré.
— ...
— Oui, de la circulation.

LIVRES (Mes)

Si tous mes admirateurs achetaient mes livres, j'en aurais moins.
Un monsieur glabre qui me parle tout le temps de mon livre. Comme je le trouverais insupportable s'il me parlait d'autre chose.

LIVRES (Dédicaces de)

Des livres de Barbey d'Aurevilly étrangement habillés, quelques-uns tout en or, d'autres, avec des raies rouges, bleues, blanches, comme des guérites nationales. Et des dédicaces d'encre rouge sang.

Les livres de Barbey, beaux comme des toréadors, dédicacés avec du sang rouge et du sang bleu, et des flèches.

(*Livres (Dédicaces de)*)

Toutes les dédicaces sont d'admirateurs. Le mot « admiration » commence d'avoir cours : ça fait une pièce fausse de plus dans la circulation.

LIVRES d'érudition

Gros livres où chaque mot est d'un érudit, où chaque ligne porte fièrement, comme une cocarde, un numéro qui renvoie en bas de la page, et dont chaque page repose sur un coussin moelleux de petites notes serrées et fines qu'il faut lire encore, fût-ce à la loupe, si l'on veut savoir toute la vérité. (3)

LIVRES (Volume des)

Ah ! que les livres deviennent lourds.

Vieux bouquins très gros, si commodes, quand on n'a pas de chaise d'enfant, pour asseoir les bébés d'amis. (26)

Gros livres dont on ne peut conseiller la lecture à des jeunes filles de santé délicate. (4)

Petits livres d'un format tel que pour s'en priver, il faudrait ne pas avoir de poche. (3)

LOCATAIRE

Denis est le locataire qui ne veut pas dire son nom et qui crie : « Je suis celui qui loge au rez-de-chaussée. »

Le locataire, dont tout l'orgueil, toute la dignité humaine, est de payer exactement.

Des logements si petits qu'on n'y peut que s'embrasser ou se battre.

LOI

Nul n'est censé ignorer la Loi. Il y a plus de deux cent mille lois.

Protestez aujourd'hui contre une Loi et, demain, votre honneur brillera tout à coup d'un vif éclat. (17)

LUNE

Je regarde la lune assise sur sa fesse.

La lune déjà levée : comme le sein d'une nourrice qui sort à peine du corsage, à cause du froid.

Lune, On la voit en plein jour comme une marque de doigt sur du papier bulle, sur l'azur.

(*Lune*)

La lune n'a pas fermé l'œil cette nuit.

La lune nous regarde avec son monocle.

La lune. Cette lueur rose, cette clarté d'incendie. C'est très difficile de voir le premier liseré de son ongle rouge : c'est déjà du feu. Elle monte vite. Elle apparaît tout entière comme un globe de feu couvé.

LUNE (Clair de)

La lune échancrée écartait ses cornes fines comme une pince lumineuse. (9)

Ruisseau où les rayons d'une lune inévitable remuent, se croisent comme les aiguilles d'une tricoteuse. (23)

Clair de lune qui était entré dans la chambre et l'illuminait comme une flambée de chènevottes.

Clair de lune. La douce chaleur de la lune pour malade. Une fleur trompée se sentit éclore.

LUNE à l'horizon

La lune, à l'horizon comme une bête à bon Dieu sur le dos.

La lune reste un instant collée à l'horizon comme un gros escargot.

A l'horizon, la lune sans nacelle dit : « Lâchez tout ! ». Elle monte.
Tous les fils sont coupés.
Aucun homme, pas un arbre, pas une branche sèche, n'a pu se suspendre dans ses filets et s'élever par surprise.
Le bois roux brûle sous elle pour la gonfler.

LUNE et nuages

Le linge fin des nuages passe sur les lèvres pâles de la lune.

Lune derrière les nuages comme déchiquetés par elle, lune sournoise et hargneuse.

Pleine lune. Loin de l'horizon, elle semble née en plein ciel. Elle a un nuage de couleur grise, doux comme un cache-nez, autour du cou.

La lune sous le nuage se ferme lentement, comme un œil de chat.

La lune dans un nuage de soie, dans un papier nuageux.

La lune, diamant sur un lit d'ouate.

LUNE et environnement

Et les arbres tendaient la froide lune eucharistique au bout de leurs branches.

La nouvelle lune est une jolie apostrophe au clocher. (7)

Lune nichée dans un arbre comme un gros œuf clair.

La lune sur un paratonnerre, tel un clown qui fait tourner un chapeau de couleur au bout d'une baguette.

Les fils télégraphiques rayaient la lune comme une lune à musique.

LUNE et moi

Je suis la sentinelle de la lune.

La roue de ma fortune, à moi, c'est la lune.

La lune est une délicieuse poétesse, et notre sensibilité serait en deuil, mortellement blessée, si la lune venait à s'éteindre. Le niveau de la poésie baisserait.

M

MÂCHER

Un petit vieux qui a des lunettes d'or, et qui mâche ! Il s'en acquitte encore fort bien.

C'est le mangeur solitaire. Il a remplacé la femme par la cuisine.

C'était un homme méthodique : il déjeunait en mâchant du côté droit, et dînait en mâchant du côté gauche.

Elle mâche des graines pour qu'il lui pousse des fleurs au-dedans d'elle. (2)

MAIGREUR

Un vieux professeur maigre qui avait l'air d'un serpent à lunettes.

Cette dame fait la planche et rien d'elle ne dépasse le niveau de la mer. (31)

MAINS

Les petites baleines courtes de ses mains maigres.

Se frotter les mains comme une mouche.

Loti. Les mains gantées, les mains à deux peaux. (4)

La main de Goncourt a une douceur d'édredon humide.

Lautrec. Des mains comme celles qu'il dessine, avec des doigts écartés et osseux, des pouces en demi-cercles.

Ne baise jamais la main d'une femme, de peur d'avaler la bague.

MAIN (Poignée de)

La poignée de main lointaine d'une femme qui ne veut pas qu'on l'embrasse.

(*Main (Poignée de)*)

Mains molles qu'il faut rassembler par une poignée de main.

Il a une poignée de main en chair froide.

Presque un vieillard, qui vous serre les mains comme s'il voulait d'un seul coup prendre possession de toute votre sympathie.

MAINS (Battre des)

Les mains battaient comme un vol d'oiseau, vigoureuses, serrées ; c'était plus fort qu'elles ! (16)

Elle bat des mains, comme un chef de claque, pour se réchauffer, sans regarder à la dépense d'une paire de gants. (4)

Jules Jaluzot applaudit de ses larges mains commerciales.

MAIN (Leurs poignées de)

La poignée de main plongeuse, en cou de cygne, de Barrès. Cette poignée de main n'est d'ailleurs qu'un vague attouchement de doigts.

Goncourt. Il est beau, notre vieux maître, il est ému et, quand on lui serre la main, on la sent molle, et ballottante, comme pleine de l'eau de son émotion.

Mendès, de sa poignée de main molle on emporte un peu de ses mains.

MAINS (Tendre les)

Quand il s'en va, comme il ne sait pas si je vais lui tendre la main, il me tourne tout de suite le dos, et je tends la main à son derrière.

De nouveau les mains se cherchèrent. Elles frissonnaient, inquiètes, voltigeaient de l'une à l'autre, se serraient.

— Tu ne veux pas me donner la main ?

— Non, je suis trop grand. Ça pendrait. (2)

Polaire. Un petit animal curieux, pas joli, qui vous donne la main gauchement, comme si c'était une patte, levée à la hauteur de l'œil. L'air d'un guichard un peu écrasé.

MAISON

Les maisons ne regardent plus dans la rue que par leurs portes ouvertes et lumineuses. Toute la clarté sort dans la rue.

Tempête. Les maisons s'accroupissent, tremblant comme des navires à l'ancre. Les girouettes ne savent plus où tourner.

(*Maison*)

Des petits chalets qu'on pourrait déplacer en mouillant le bout de son doigt.

Elles étaient si petites, les maisons de mon village que je revoyais, qu'il me semble que j'allais, du bout du doigt, écrire les lettres de mon nom sur la neige de leurs toits.

La maison qui s'éboule, à peine finie, sous le maçon qui chante encore.

Une cabane si petite et si pauvre que le tonnerre même ne tomberait jamais dessus.

MAÎTRESSE

Un homme qui apprend la mort de sa maîtresse en présence de sa femme, et qui, ne pouvant montrer sa douleur, la résume en ces simples mots : « Je suis veuf. »

On a beau faire : jusqu'à un certain âge — et je ne sais pas lequel — on n'éprouve aucun plaisir à causer avec une femme qui ne pourrait pas être une maîtresse.

Capus. Il a épousé sa maîtresse, et maintenant, tous les jours, de bonne heure, il a envie de dormir.

MAL

Le monde n'a peut-être été créé que pour réaliser le mal, Si, au lieu de contrarier le mouvement, nous le suivions, on obtiendrait un bon résultat.

C'est bien joli, de ne pas faire le mal. S'il fallait encore ne jamais penser à mal !

MALADIE

Maladies : les essayages de la mort.

On va voir un malade pour lui raconter toutes les maladies qu'on a eues et qu'on a vues aux autres.

Dans un graphique de fièvre, les petits clochers de la fièvre.

Cet homme doit être à fond tuberculeux, si j'en juge par la pomme de terre de son nez. (31)

— J'ai des rhumatismes.
— Moi aussi, j'en aurais, si je voulais.

J'ai une maladie à observer en moi.

Le cœur fait l'effet d'une pendule d'ouate qui, parfois, choquerait légèrement les parois de l'horloge.

(*Maladie*)

Le cerveau qui s'en va, impossible de le retenir. C'est comme si un pissenlit voulait rattraper ses poils.

MALHEUR

Ainsi, les malheurs des autres nous sont indifférents, à moins qu'ils ne nous fassent plaisir.

Figure rapidement vieillie par le malheur comme l'eau ridée par le vent.

— Vous n'êtes pas malheureux !

— Si je voulais, je me plaindrais autant que vous.

MALHONNÊTETÉ

Sache sourire quand un homme d'esprit devine tes petites infamies.

J'ai en horreur ces gens qui veulent donner un air de noblesse aux saletés qu'ils font.

Ce n'est pas à l'honnête homme que je m'adresse : c'est au filou.

MANGER

Le confortable, ça peut être de manger de bonnes choses dans une écuelle de bois.

Femme. Elle mange discrètement au fond de sa bouche, comme le cheval la tête dans son sac.

Elle frise du pain dans son lait.

Ensuite ils mangèrent un plat de gravier où il y avait quelques lentilles.

MANGER BEAUCOUP

Après avoir mangé, chacun comme quatre, et tous comme pas un. (6)

Et un appétit ! Des fois, il me semble que je digérerais mon estomac.

Huret, avec ses lèvres doubles, mange deux fois de tout.

MANGER PEU

Il consentait à manger très mal au restaurant parce que le patron le connaissait très bien, tout en l'appelant toujours d'un faux nom.

— Un jour, dit-il, je suis resté huit jours sans manger.

(*Manger peu*)

Pendant la guerre, un homme se résigne à manger son chien, regarde les os qu'il laisse et dit :

— Pauvre Médor ! Comme il se serait régalé.

L'estomac délabré, elle « goûte » seulement, et ne prend jamais rien qu'entre ses repas.

MANUSCRIT

Manuscrit raturé comme un nid de pie.

Un directeur de revue vous tiendra une heure pour vous exposer pourquoi il n'a pas eu le temps de lire votre manuscrit : il avait au moins cette heure-là.

Il a brûlé ses manuscrits, mais on adore ce qu'on a brûlé.

Rien ne me dégoûte plus que mes ébauches de manuscrits : des œufs écrasés avant d'être pondus.

MARCHER

Un pas si léger et si menu qu'elle a sûrement plus de deux jambes.

Il marche toujours sur la pointe des pieds, comme attiré par l'idéal même.

Il marchait sans bruit, comme un poisson.

Oscillant et déhanché, il semblait marcher autant avec le corps qu'avec les hanches. (9)

Je prends, comme disent les bonnes gens, l'omnibus de mes jambes. (26)

MARE (d'eau)

Une petite mare à boire.

Une mare d'eau reflète comme un œil grand ouvert.

Étang, miroir où la belle nature aime à se regarder.

MARGUERITE

La marguerite : une bouche ronde qui a des dents de tous côtés.

La marguerite, belle dame en robe blanche à longs plis, avec un petit canotier doré sur la tête.

La vérité sort de la bouche dentelée des blanches marguerites.

MARI

L'homme marié est au garçon ce qu'est un volume relié à un volume broché.

(*Mari*)

Des hommes ont l'air de ne s'être mariés que pour empêcher leurs femmes de se marier avec d'autres.

C'est le talent du mari qui oblige une femme à rester honnête femme. Pour moi, je sens que jamais je n'oserais faire du chagrin à un homme qui a du génie.

Titre : « Un mari en couches. »

MARIAGE

Tous les partis qu'on rate sont « magnifiques ».

Elle va se marier.

— Je ne sais pas pourquoi j'ai répondu oui, dit-elle : j'aurais eu honte de répondre non.

— Promets-moi une chose ! Promets-moi que si, plus tard tu te remaries, tu feras ton mari cocu.

Oh ! faire son voyage de noces tout seul !

MARIAGE (Projets de)

— Tu seras la demoiselle d'honneur de tous mes projets de mariage. (1)

— Je n'ai encore refusé ma fille à personne. il n'y a pas de raison que je commence par vous. (1)

— Un père qui marie sa fille, c'est un homme heureux. On ne marie pas sa fille tous les jours ! (1)

MARIN

Ce que voit le marin, c'est l'infini. (16)

Avec des casquettes de marins, ils se donnent des airs d'amiraux.

D'énormes marins, les loups des égouts de la mer, avec leurs bottes gigantesques et ruisselantes.

Un marin qui a fait le tour du monde :
— Un pas de plus, dit-il, et on mettait le pied sur rien.

MARRONNIER

Le marronnier dresse ses baïonnettes.

Les feuilles des marronniers se sont fermées en boutons gommés et passent l'hiver dans leurs cocons.

Tous les marronniers ont ouvert leurs feuilles comme des petites ombrelles d'un soir.

(*Marronnier*)

Les marronniers se sont garnis de bourgeons achetés chez le confiseur. Des feuilles sont fraîches comme de petites langues; d'autres ont un air vieillot, ridées comme des fronts de nouveau-nés; mais les branches des plus hauts arbres sont encore fines comme des cheveux.

Un bourgeon tardif s'ouvre et s'envole du marronnier.
Plus lourd que l'air, à peine dirigeable, têtu et ronchonnant, il arrive de même au but, avec ses ailes en chocolat. (12)

Les lèvres sèches du marron grillé.

MATIN

Le matin, le réveil des couleurs.

Un matin si gris que les oiseaux se recouchent.

Le matin, la sonnerie des bouteilles à lait.

Ne pas se lever trop matin : la nature n'est pas prête.

MATIN (Accueil du)

Chaque matin, au réveil, tu devrais dire : « Je vois, j'entends, je remue, je ne souffre pas. Merci ! La vie est belle ! ».

Tous les matins, en se levant on devrait dire : « Chic, je ne suis pas encore mort ! ».

Chaque matin, boire une tasse de soleil, et manger un épi de blé.
Chaque matin, songer aux gens qu'on va cultiver, aux pots qu'il faut arroser.
Quand j'ouvre ma fenêtre, le matin, c'est comme si mon amie me lavait les yeux à l'eau fraîche.

MATURITÉ

Elles veulent bien jouer les rôles de vieilles femmes, mais pas les rôles de femmes mûres.

Tu n'es pas assez mûr, dis-tu. Attends-tu donc que tu pourrisses ?

Retomber en âge mûr.

MÉCHANCETÉ

Ce qu'il faut de courage pour s'empêcher de faire souffrir les autres !

La rosserie n'enrichit pas ! On y est toujours de sa poche de fiel. (14)

(*Méchanceté*)

Tu as rejeté les pierres de ton jardin dans le jardin des autres, et, pour y ajouter, tu as démoli un peu de ton mur.

Il raffinait jusqu'à tendre des pièges dans la cage de son oiseau.

Toute cette bonté me tue. Si je m'interdis d'être un peu méchant, à quoi suis-je bon ?

MÉDECIN

Les médecins prononcent certains mots techniques qui les étonnent eux-mêmes, après lesquels ils n'osent plus rien dire.

Médecins. Tous autoritaires, même quand ils disent : « Ah ! c'est ce qu'on ne peut pas savoir ! »

L'importance du petit médecin, son aplomb à pronostiquer quand il est sûr qu'il soigne une maladie insignifiante.

C'est un grand médecin pour qui les chères petites malades se font belles dans leur lit.

Quand il tapote sur ses doigts, à l'auscultation, et qu'il découvre une belle différence de sonorité, il détache tout le doigt, comme un pianiste.

MÉDECINE

Rien ne dégoûte de la vie comme de feuilleter un dictionnaire de médecine.

La médecine n'a de certain que les espoirs trompeurs qu'elle nous donne.

Mon fils fait sa médecine et possède comme meilleur ami un squelette (7)

MÉDIOCRITÉ

Il faut laisser le succès aux amis frivoles... Mieux vaut une vie d'apparence plate qu'une vie remplie d'un tas d'ordures comme une hotte de chiffonnier. (7)

C'est un homme qui passe sa vie à flanc de coteau et qu'on ne trouvera jamais sur la hauteur.

Toute sa vie, il fut assis sur un strapontin.

L'homme d'une des minutes du siècle.

MÉDISANCE

Il y a des gens qui retirent volontiers ce qu'ils ont dit, comme on retire une épée du ventre de son adversaire.

(*Médisance*)

Vous ne direz jamais autant de mal de moi que j'en penserais de vous, si je pensais à vous.

Le Vendredi Saint, elle se privait de soupe, mais pas de médisance.

L'heure où les gens du monde vont se laisser aller. Les voilà entre intimes. Aussitôt, les oreilles s'allument, et les bouches prennent la forme de délicats égouts.

Au moment où nous les débinions, les B... arrivent avec une bourriche. Ah ! Les braves gens.

MÉDISANCE envers soi

Tu te noircis pour que les flatteurs t'absolvent et que le blanc marque mieux. (31)

Je connais aussi l'art de me faire dire des choses désagréables en les disant d'abord moi-même : on dit comme moi.

M. Roy tellement respectueux que, si par hypocrisie je dis du mal de moi, il ne me contredit pas.

MÉLANCOLIE

Mélancolique comme une bûche de bois qui brûle.

La mélancolie est à la tristesse ce que le velours est aux autres étoffes. (18)

Tout homme a dans le cœur un orgue de Barbarie qui ne veut pas se taire.

Capus, on dirait un petit automne qui passe.

MÉMOIRE

Les eaux vertes de la mémoire où tout tombe. Et il faut remuer. Des choses remontent à la surface.

Peut-être que les gens de beaucoup de mémoire n'ont pas d'idées générales.

Il n'avait plus de mémoire, et, chaque matin, il s'éveillait sans souvenirs, jeune comme une feuille verte.

MÉMOIRE (Ma)

Je n'ai qu'une mémoire instantanée.

Il faut que je laisse aux choses le temps de se placer sur ma mémoire, comme des objets d'art sur un meuble bien d'aplomb.

(*Mémoire (Ma)*)

Ma mémoire est comme une boîte où il y aurait un peu de tout. Ça me dégoûte de chercher dedans.

J'ai une mémoire admirable : j'oublie tout ! C'est d'un commode !... C'est comme si le monde se renouvelait pour moi à chaque instant.

MENACE

L'épée de Damoclès : la suspension à la mode du temps.

A chaque instant, je coupe moi-même le crin de cheval de l'épée de Damoclès, et je me la passe au travers du cœur.

MÉNAGE

Quel ménage ! Vous n'avez pas fini vos roucoulements. On se croirait chez un marchand d'oiseaux !

Un ménage à trois ; le mari, la femme et le curé. (1)

— D'accord ! Il y a cependant de bons ménages.
— Chez les gens mariés, c'est bien rare ! (1)

— Si vous aviez comme moi, dit C... deux ménages et pas d'intérieur !...

Seigneur, aidez-nous, ma femme et moi, à manger notre pain quotidien de ménage.

MENDIANT

Le mendiant. C'est encore lui le plus habile à faire baisser les yeux.

Un mendiant avec deux jambes de moins.

Chien d'aveugle avec sa sébile comme une théière avec sa passoire.

Le mendiant regarde le beau château et s'écrie :
— Oh ! si j'avais ce château !
Il entend dire qu'on l'aurait pour un morceau de pain. Mais il n'a pas le morceau de pain.

MENSONGE

La volupté du mensonge.

Certains menteurs ont un tel besoin de mentir qu'on a pitié d'eux et qu'on les aide.

Une femme allait mentir, comme d'habitude ; elle s'est retenue, parce qu'elle est en deuil.

(*Mensonge*)

Capus. Il ne peut plus rien dire sans mentir trois ou quatre fois de suite. Il a le mensonge rebondissant.

Guitry raconte bien. Il n'a pas peur. Chaque fois qu'il ment, ce n'est pas son nez qui remue : c'est le mien.

MÉPRIS

Il a les lèvres, le nez, les yeux, crépitants de mépris. Il bouillonne de dédain.

Il ne fait que cracher, et pourtant il ne méprise personne : il est asthmatique.

Il n'y a qu'une chose qui me gênerait : c'est mon propre mépris ; mais, matériellement, je ne peux pas me cracher à la face.

MER

La mer, c'est l'abîme plein jusqu'au bord.
La mer toute ridée à pris son air de vieille.

La mer semblable à un vaste champ remué par d'invisibles laboureurs.

Les détonations, les coups de canon de la mer dans le rocher.

La mer, en grande artiste, tue pour tuer, et rejette aux rochers ses débris, avec dédain.

Oh ! Méditerranée, insensible à la lune, tu ne bouges jamais et tu suces éternellement d'une lèvre bleu pâle ton sable fade mêlé aux épluchures des hommes.

MER (Flux et reflux)

De l'utilité des marées. La mer va d'un rivage à l'autre pour boucher les trous de sable que font les enfants sur la plage.

La mer monte, prend les rochers un à un, ensevelit celui-ci, lèche celui-là, écume sur cet autre et monte, à travers son vert de bouteille, comme autant de monstres fantastiques pétrifiés, aux chevelures de varech.

La mer se gonfle comme votre petit ventre si vous respirez fort, comme vos deux joues si vous imitez le phoque. Elle se soulève comme une soupe au lait. Elle monte vers la lune qui est au ciel, et vous avez la mer haute. Puis elle s'affaisse, s'accroupit, fait le chien couchant, se met en carboulot comme vous, dans vos draps, les nuits d'hiver. Et vous avez la mer basse.

(La lune fait haleter la mer comme un sein (31)

MÈRE et enfants

Oh ! On peut lui dire que c'est un garçon ! Elle est si bonne mère qu'elle ne vérifiera pas.

Quand elle accouche, elle ne veut pas que son mari soit là. Elle se sent déjà assez humiliée ! Encore une qui voudrait faire ses enfants par la bouche.

Elle a eu deux enfants, mais elle ne se rappelle plus guère de qui. C'est presque comme si elle les avait eus toute seule.

La vieille fille. Un couple sans enfants.
— Ma chatte vient d'avoir un petit, dit-elle.
— C'est toujours ça !

MÉRITE

Par ordre de mérite alphabétique ?

A ses yeux, j'avais deux mérites : il ne me connaissait pas, et je l'écoutais parler.

MERLE

Le merle, ce corbeau minuscule.

Il jette son cri guttural, cet espèce de hennissement qui est un ordre à tous les oiseaux de se taire et de dormir. (12)

C'est l'heure où se couche en musique le merle ; sa dernière chanson s'égrène, perle à perle. (25)

Quand le merle voit les vendangeurs entrer dans la vigne, il s'étonne surtout de les voir qui n'ont pas, comme lui, peur de l'épouvantail.

MERLE (Couleur du)

Merle noir dans un cerisier blanc.

Merles noirs, pareils à de petits corbeaux en rupture de couvée. (5)

Merle noir, à bec jaune, tout seul, au milieu d'une tache d'ombre écartée sur une herbe verte. Voilà de la peinture.

Le merle blanc existe, mais il est si blanc qu'on ne le voit pas, et le merle noir n'est que son ombre.

Le geai : — Toujours en noir, vilain merle !
Le merle : — Monsieur le sous-préfet, je n'ai que ça à me mettre. (12)

MESURE

Il y a une mesure pour tout : dès qu'on en sort, on la dépasse.

Que vous jetiez l'Océan ou un verre d'eau sur le trou d'une aiguille, il n'y passera toujours qu'une goutte d'eau.

MEUBLE

La causerie des fauteuils rangés, avant l'arrivée des visiteurs, un jour de réception.

Un salon de médecin de province où tous les fauteuils sont en chemise de nuit.

Armoire en bambou avec un nègre dedans.

Il faudrait, pour meubler ce grand salon, lâcher deux ou trois petits éléphants qui se promèneraient en tous sens.

MEULE de foin

Meules de foin, les innombrables chignons de Cérès.

Meules de foin : un village subit et éphémère de huttes odorantes.

Les meules de foin comme un petit village de huttes régulièrement disposées, et la lune s'y promène dans les rues.

La flûte de Pan, c'est une éteule dont les tiges sèches et creuses flûtent au moindre vent. Lorsque s'y mêle un chant de caille, c'est exquis.

MIGRAINE

Migraine. Ce doit être ce que le Christ appelait sa couronne d'épines.

Migraine. Parfois, il me semble que ma tête, petite et lourde, est tout là-haut, loin de moi, perchée au bout de mon corps comme un gratte-cul au bout de sa ronce.

Migraines. Je me réveille, le matin, avec des têtes énormes.

MILITAIRE

Casernes. Les autres maisons ne sont pas gardées : un concierge suffit. Et, devant celles-là qui sont pleines de soldats, on met un factionnaire pour les garder.

— Les généraux, dit le ministre, ne demandent qu'à obéir. Mais leurs femmes !...

MINCEUR

« Un brin de fille », ce devrait être une fille maigre.

Mademoiselle Berthe de Montalan, potelée comme une rallonge. (4)

MIROIR

Quand on se regarde cinq minutes dans une glace, on ne se trouve plus ressemblant.

D'une épingle, elle frappa deux fois le miroir pour s'y changer les yeux en étoiles.

Quand il se regardait dans une glace, il était toujours tenté de l'essuyer.

MISÈRE

La misère — et c'est ce qui nous trompe — donne au misérable un air d'ivrogne.

La misère a une petite sœur invisible, qui est toujours auprès d'elle et qui la console en secret : l'insouciance.

Nos grandes misères ne sont que des éclipses d'intelligence. Dès qu'on voit clair, ça va mieux. (7)

MISOGYNIE ET MISANTHROPIE

Misogyne, c'est-à-dire amoureux de la première venue.

Moi, je dis que c'est un ours : toi, avec ton instruction, tu dis que c'est un misanthrope ; ça revient au même. (1)

C'est l'homme que je suis qui me rend misanthrope. (31)

MODE

Elle suit la mode comme si elle en était l'ombre.

Le mannequin se croit la Vénus de Milo parce qu'il n'a pas de bras.

MODESTE

Sois modeste ! C'est le genre d'orgueil qui déplaît le moins.

Ne la fais pas au Saint laïc. Sois modeste. Si tu te crois supérieur, demande pardon à ton idéal.

Modeste, il se diminuait, s'effaçait...
Pour mieux glisser entre les autres. (31)

— Vous êtes modeste !
— Oui, mais qu'il m'en coûte !

(*Modeste*)

Je deviens un peu plus modeste, mais un peu plus orgueilleux de ma modestie.

MODESTIE

La modestie est toujours de la fausse modestie.

La modestie peut être une espèce d'orgueil qui arrive par l'escalier dérobé.

Quelque chose de plus déplaisant que l'arrivisme, c'est l'étalage de la modestie.

La modestie va bien aux grands hommes. C'est de n'être rien et d'être quand même modeste qui est difficile.

Il y a de la place au soleil pour tout le monde, surtout quand tout le monde veut rester à l'ombre.

MŒURS

Les mœurs, c'est comme l'argent : il n'y a que la menue monnaie qui change de ville à ville. Ce qui a de la valeur et ce qui importe reste le même.

— Tu te mets en fausse rage contre les mœurs de l'époque. Tu fais prudemment de la haute école sur ton dada familier. (31)

MOINEAU

Les moineaux gonflent leurs plumes au haut des branches et paraissent énormes.

Un vol rapide de moineaux serrés comme s'ils partaient d'un fusil comme des grains de plomb.

Toute une tempête pour rebrousser les plumes d'un moineau.

Les moineaux les plus fiers restent sur les branches de l'arbre voisin.

On dirait de gros bourgeons sur des branches dénudées.

Quand il dit : « Cuic » le moineau croit tout dire.

MOINEAU (Appétit de)

Le moineau piquant graines et insectes : on ne vit pas seulement de pain.

Les pigeons auxquels on jette du pain. Lourds, ils arrivent à pied, et le moineau, d'un coup d'aile et d'un coup de bec, emporte la miette.

Les moineaux ont crié : « j'ai faim », sur tous les tons. ...

(*Moineau (Appétit de)*)

Ils regardent transis, la chute des flocons...
Tandis que sans pitié la neige les attrape,
Ironique, et leur dit : « moineaux, je mets la nappe ! ». (25)

MOINEAU sur le toit

Petit curé prêchant, moineau au bord d'une gouttière.

La lutte courte de deux moineaux sur un toit, au milieu d'une foule de moineaux pépiant qui les excitent et qui font cercle sur le tuyau de cheminée.

Au bord de sa cheminée, le moineau rêve comme un petit Savoyard qui n'a plus rien à faire.

MONDANITÉ

Dans le monde, multiplier son ennui par celui des autres.

Aller parfois dans le monde pour avaler un verre de bile.

Ils vont dans le monde pour entendre l'heure pour se coucher. Ils tâchent qu'on prenne leurs bâillements pour un sourire.

— Quand mènerez-vous votre fille dans le monde ?
— Oh ! les bons chevaux, on vient les chercher à l'écurie : inutile de les mener à la foire.

Je ne vais dans le monde que quand j'ai envie de ne pas m'amuser.

Je ne vais pas dans le monde parce que j'ai peur de n'y pas recevoir assez de compliments.

MONNAIE

Donnez des ailes aux pièces de cent sous : les hommes apprendront à voler pour les suivre.

La caissière comptait sa caisse, nous entendions avec douleur sonner entre ses doigts les baisers des républiques d'argent entrechoquées avec bruit.

MONTAGNE

Montagnes fines, comme à peine ondulées par le vent.

L'ombre de la montagne se couche dans du lac comme un grand catafalque, et les reflets des étoiles s'allongent tout à l'entour, comme des cierges.

Une montagne édentée et garnie de petits villages, blancs comme des dés de tric-trac. (11)

MONTRE

Une montre qui « fait la vie » comme une horloge.

Le réveille-matin bat comme un cœur suffoqué.

Il a une énorme chaîne de montre à la mesure de son ventre.

Il tira sa montre. C'est comme un accordéon : ça peut s'allonger ou se rétrécir.

— Papa, dit Fantec, comment elles font les montres, pour marcher la nuit quand elles ne voient pas clair ?

MOQUERIE

Il a toujours le petit mot pour faire rire de lui.

Mais un singe a grimpé dans l'arbre de ma vie
Et me fait la grimace au plus haut de ses branches.

MORALE

Prenez à toutes les morales ce qui en fait la valeur, à la morale chrétienne ce qu'elle a de bon. Jésus-Christ était un homme supérieur et modeste : Il ne criera pas au voleur.

Ma moralité m'est nécessaire comme mon squelette.

J'ai une morale, mais elle est assez tortueuse. J'arrive au bien par un chemin de traverse.

MORT

La mort, cette marchande de sable pour tous les yeux. Elle a plus de sable à vendre que la mer.

La mort n'est peut-être, pour le sage, que le passage d'une date à une autre.

La mort est douce : elle nous délivre de la pensée de la mort.

La préoccupation de la mort, c'est comme une nacelle d'où l'on peut voir, de haut, le petit monde.

La mort, ce serait le rêve si, de temps en temps, on pouvait ouvrir un œil.

La vie n'était déjà pas si gaie ! La religion a fait de la mort quelque chose de terrible ou d'absurde.

MORT et vie

La mort nous « essaie » souvent.

Vous ne trouvez pas que la mort se conduit dans la vie comme chez elle.

(*Mort et vie*)

Imaginez la vie sans la mort. De désespoir, tous les jours on essaierait de se tuer.

Comme on perd vite la tête ! A chaque instant, il n'y a entre nous et la mort que le cerceau de papier du clown. Vraiment, ce ne doit pas être bien difficile, de sauter ! On ne reparaîtrait plus, voilà tout.

MORT des autres

La mort des autres nous aide à vivre.

La mort lui a mis son clair de lune sur la face.

Comme c'est doux, de se rappeler qu'on a vécu dans l'intimité de ceux qui sont morts !

Comme le souvenir que laisse un mort est supérieur à sa vie ! Il n'y a pas de déchets.

Les défauts de nos morts se fanent, leurs qualités fleurissent, leurs vertus éclatent dans le jardin de notre souvenir.

Les bêtises qu'entend dire un tableau de musée, mais les horreurs qu'entend peut-être un cadavre.

Qu'elle est bizarre, cette manie qu'ont des gens que nous connaissons à peine, de nous envoyer des nouvelles de leurs morts.

MORTS (Présence des)

Nos morts reviennent au foyer, et revivent dans les flammes que nous regardons avec tant de mélancolie.

La mort est mal faite. Il faudrait que nos morts, à notre appel, reviennent, de temps en temps, causer un quart d'heure avec nous. Il y a tant de choses que nous ne leur avons pas dites quand ils étaient là !

Les morts, comme l'air, habitent — c'est sûr — là où nous ne sommes pas.

MORT (Fantaisies sur la)

Il dormait à poings fermés pour cause de décès.

Je vous croyais mort ! Enfin ce sera pour une autre fois.

— Votre mari n'a rien. Il croit qu'il est malade, dit le médecin anglais.

Quelques jours après, pleine de confiance en ce grand médecin, elle vient lui dire :

— Mon mari croit qu'il est mort.

(*Mort (Fantaisies sur la)*)

— Et comment va madame ?
— Mais je vous remercie : elle va très bien... Ah ! qu'est-ce que je dis là ! Elle est morte.

— Et votre grand-mère est bien toujours morte, n'est-ce pas ? Je ne me trompe pas ?

— Mon mari ? Il est mort.
— Oh ! pardon, dis-je.
— Oh ! Ce n'est pas votre faute.
Dialogue des morts.
— Tu dors toujours ?
— Oui. Et toi ?
— Moi aussi. Je ne sais pas ce que j'ai : je ne peux pas me réveiller, le matin.

MOURANT

Cette espèce de joie au champagne que donne le « Ça va mieux ! » d'un moribond.

Il s'éteignit doucement, sans le savoir... (5)

Ce n'est pas un pied qu'elle a déjà, elle, dans la tombe : c'est une jambe.

MOURIR

Rien ne sert de mourir : il faut mourir à point.

Pourquoi serait-il plus difficile de mourir, c'est-à-dire de passer de la vie à la mort, que de naître, c'est-à-dire de passer de la mort à la vie ?
Sauf complications, il va mourir.

MORT (Peine de)

Au moment où le condamné a la tête dans la guillotine, il devrait y avoir un silence avant que le couteau tombe. Un garde républicain sortirait des rangs et remettrait au bourreau une enveloppe et celui-ci dirait au condamné : « C'est ta grâce ! » Et il ferait tomber le couteau.
Ainsi le condamné mourrait dans la joie.

MOT

Le mot est l'excuse de la pensée.

Les mots : la monnaie d'une phrase. Il ne faut pas que ça encombre. On a toujours trop de monnaie.

(*Mot*)

Des mots qui sont comme les boutons de chaleur de l'esprit.

Des mots durs, à triple détente, et qui font mal avant de partir.

Un mot si joli qu'on le voudrait avec des joues, pour l'embrasser.

MOTS (Rôle des)

Les mots sont comme une voûte sur la pensée souterraine.

Les mots ne doivent être que le vêtement, sur mesure rigoureuse, de la pensée.

Il faut qu'une page soit faite comme un filet, et que chaque mot, comme une maille, retienne un peu.

MOTS (Choix des)

Le mot juste ! Le mot juste ! Quelle économie de papier le jour où une loi obligera les écrivains à ne se servir que du mot juste !

Il y a des heures où il faut chercher tous ses mots dans le dictionnaire.

Il voudrait donner à manger aux mots, dans le creux de sa main.

Il se prenait la tête par la nuque et la secouait sur la page blanche comme pour y faire tomber les mots pas mûrs, difficilement détachables.

Il n'y a pas de synonymes. Il n'y a que des mots nécessaires, et le bon écrivain les connaît.

Le mot écrit me tient encore par ses tas de fils que je suis long à casser.

MOTS et langage

Les mots tombent parfois de notre bouche comme des personnages ridicules, et tout de suite nous rions de leur chute grotesque.

Ses gestes surtout le distinguaient. Il prenait des mots à même sa bouche et, les enlevant, les faisait miroiter un moment entre ses doigts comme des bagues.

Celui qui parlait par hasard roulait dans sa bouche endolorie des mots techniques qui lui faisaient mal comme des aphtes.

A cause de l'agitation de sa tête, il n'avait plus le temps de toucher aux mots que du bout de la langue, de l'extrême pointe. (6)

MOTS et écrivains

Jaurès. Il se sert de tous les mots lourds qui sont comme les moellons de sa phrase et qui écorcheraient, tombant d'une plume, les doigts et le papier de l'écrivain.

Les Goncourt ont des mots qui sont comme des ronces, une syntaxe qui racle la gorge, qui font au plus haut du palais l'impression d'une chose qu'on ne peut pas se décider à vomir.

Huysmans : c'est de la couleur, oui ! C'est des mots éclatants un peu écrabouillés.

MOTS (Mon choix des)

J'ai horreur du mot « ratiociner ».

Je ne me suis pas encore servi du mot « coruscation ».

Que de mots dont je ne me suis pas servi ! « Caduc » par exemple.

Le mot le plus vrai, le plus exact, le mieux rempli de sens, c'est le mot « rien ».

Au moins, j'ai eu une audace dans l'Écornifleur : j'ai mis « porte-monnaie » au lieu de « bourse ».

Ma tête est peuplée de mots, comme une forêt, d'oiseaux. Quand ils se mettent tous à chanter, c'est un vacarme !...

Mon cerveau, un gaufrier de mots.

MOUCHE

Une mouche qui se frotte les mains.

La vie qu'il y a dans une mouche. Son arrière-train transparent de mie de pain. Elle frotte ses deux pattes de devant l'une contre l'autre, et sa trompe entre ses pattes.

Dans la chambre, une grosse mouche cause toute seule.

Et le piétinement des mouches sur les vitres.

MOUCHES dans la maison

Une mouche entre par toutes les fenêtres ouvertes, et sort sans que personne ait compris quelle nouvelle elle a apportée.

Vol silencieux des mouches au plafond. Elles se décollent de leur poutre, entrent dans le quadrille, font quelques tours, et se recollent à la poutre.

Et voilà une mouche bourdonnante qui passe, comme le son court sur un fil de fer.

(*Mouches dans la maison*)

Pour détruire les mouches, se mettre tout nu et s'enduire de glu liquide, mélangée d'un peu de miel ou saupoudrée de sucre, et se promener dans sa chambre. Les mouches attirées viennent se coller sur votre peau. Vous les prenez comme vous voulez. Le procédé manque d'élégance, mais il est infaillible.

MOUSTACHES

Un homme qui porte ses moustaches dans sa bouche comme un chat un lézard. (26)

Moustache si longue qu'elle lui servait de brcsse à dents. (9)

Il tirait sa fine moustache, qui se recroquevillait comme un copeau. (5)

Ses moustaches, deux écureuils pendus à son nez.

Moustaches frisées comme des queues de cerises.

MOUTON

Les moutons font un bruit de jupes.

Les moutons toussent comme des vieux.

Les moutons et leurs petites têtes à la François Coppée.

Ce mouton frisé, bien garni, saute comme un ballot jeté en l'air, et du cornet de son oreille, s'échappent des pastilles. (12)

Bande de moutons. Elle tient toute la route, ondule d'un fossé à l'autre et déborde, ou tassée, unie, moelleuse, piétine le sol, à petits pas de vieilles femmes. Quand elle se met à courir, les pattes font le bruit des roseaux et criblent la poussière du chemin de nids d'abeilles. (12)

Les empreintes des troupeaux s'étaient solidifiées en un tricot de terre aux mailles résistantes. (5)

MOUTON au pâturage

Les moutons immobiles et, par leur nez, comme prisonniers de la terre.

Des moutons studieux, absorbés par leur faim, ayant tous la tête appliquée au sol, le nez à l'herbe.

Un mouton, le nez rongé par je ne sais quel chancre, ne cesse de dire : « Vous qui savez tout, il n'y a donc rien à faire pour mon nez ? »

MOUTON et sa laine

Des moutons avec leur petit toupet de laine au flanc.

Les moutons accrochent leur laine aux buissons pour les nids des oiseaux.

Fils de fer vêtus de la laine des moutons.

Des moutons ont un gardénia de laine à l'épaule.

Le mouton trop tondu est devenu enragé.

Le mouton : il n'a oublié que de nouer sa faveur rose autour de son cou.

MOUTONS et berger

Le berger avec ses moutons a l'air d'une église avec son village.

Entre le berger et son chien ; il n'y a qu'une différence d'humanité, que sauterait une puce.

Derrière le berger qui tricote mieux qu'une femme, les moutons se suivent et se ressemblent. (12)

Des moutons gardés par un gosse si petit que le loup profiterait de leur inattention pour le manger.

MUGUET

Le muguet : deux longues oreilles vertes et un petit bouton blanc.

Il n'y a de fleur que le muguet des poteaux télégraphiques.

Des muguets télégraphiques.

MUR

Ils font des murs énormes pour une petite cour grande comme un mouchoir.

Ce que le soleil peut faire d'un vieux mur pelé !

MUSICIEN

Le chef d'orchestre traduit la musique par une pantomime stricte de grand comédien, reçoit les coups dans le creux de l'estomac, cueille une note, fait « chut ! » un doigt sur les lèvres, fonce, danse un pas, barre l'horizon avec son bâton piqué, laisse tomber ses bras : c'est fini.

A une femme qui vient de jouer du piano pendant une heure :
— Aimez-vous la musique, madame ?

MUSIQUE

La musique : quand on joue assez fort ou assez doucement, le public applaudit. Ce qu'il doit y avoir d'imbéciles, en musique !

J'aime la musique, toutes les musiques, la plus simple et la plus compliquée, celle qui nous permet si généreusement de penser à autre chose.

Tant pis ! En musique, je ne goûte que l'air qui me rappelle un air.

C'est prodigieux d'ennui ! Mais toutes les musiques se ressemblent.

MYOPE

Si ta vue baisse, suppose que le monde existe moins.

Une manière de voir les choses de gros myope qui, voyant petit, croit voir fin et vrai.

La loupe, cette faiseuse de croque-mitaines.

MYSTÈRE

Tant qu'un homme ne s'est pas expliqué le secret de l'univers, il n'a pas le droit d'être satisfait.

Notre rêve se heurte au mystère comme la guêpe à la vitre. Moins pitoyable que l'homme, Dieu n'ouvre jamais la croisée.

Je ne peux pas me décider à me débarrasser, au moyen de Dieu, de toute difficulté.

N

NAIN

Un nain : une poire qui se serait racornie en pomme.

Le petit Rostand se tient raide et marche droit avec sa canne, pour qu'on le prenne pour un nain.

— Vous n'admirez pas ce petit nain ?
— Mais, j'ai été plus petit que lui !

NAISSANCE

Est-ce donc si sûr qu'on soit né pour vivre ?

Si bien née qu'elle dit :
— Je me suis fait une pinte de bon sang illustre.

NATATION

Je sais nager juste assez pour me retenir de sauver les autres.

Un bon nageur, qui tremperait le bout du pied dans l'eau, la trouverait trop froide et la ferait tâter par un autre.

— Vous savez nager ?
— Non.
— Alors, qu'est-ce que vous attendez pour vous jeter à l'eau ?

NATIONALITÉS

Il y a des Anglais, qui ont l'air d'Oscar Wilde traduit en français.

Les Écossais ont oublié leur pantalon.

Un Chinois sans son abat-jour.

A voir un Chinois, on se demande ce que peut bien être le masque d'un Chinois.

(*Nationalités*)

Les Japonais coiffés d'écuelles.

Slaves : des gens qui écrivent entre les lignes au lieu d'écrire dessus.

NATURALISTE

Le vieux naturaliste étudie les mœurs et le travail des fourmis dans ses jambes.

Ils observent des fourmis pendant trois volumes, et ils s'étonnent que je regarde de si près les paysans.

NATURE

La nature est d'une finesse ! On dirait une esquisse de nature.

Une nature dessinée avec un crayon taillé trop fin.

La nature est comme le visage de Fénelon. « Il fallait » dit Saint-Simon, « faire effort pour cesser de le regarder ». (7)

Ce serait drôle, tout de même, que la nature s'abstînt d'être gaie pour ne pas contraster avec notre tristesse.

Il aime la nature, mais il ne connaît, de verdure, que le vert de ses stores.

NATURE et moi

Mes yeux paissent la nature.

Je veux que mon oreille soit un coquillage qui garde tous les bruits de la nature.

Je gratte la nature jusqu'au sang.

Je regarde la nature jusqu'à ce qu'il me semble que tout pousse en moi.

On ne me fera sortir de la Nature que par la force des baïonnettes.

La nature m'émeut, parce que je n'ai pas peur d'avoir l'air bête quand je la regarde.

Et j'aurais une casquette avec ces mots en lettres d'or : Interprète de la Nature.

NATUREL

Le naturel, c'est l'amour de la vérité. L'imagination est, en tout, une odieuse corruptrice.

Il a chassé le naturel, le naturel n'est pas revenu.

NÊGRES

Willy ont beaucoup de talent.

Willy dans une voiture de maître, avec son chapeau à bord plat. S'il le changeait, on ne distinguerait plus Willy de ses collaborateurs.

Willy : son verre n'est pas grand mais il boit dans celui des autres.

NÉGRESSE

Une négresse, c'est une femme qui a des grains de beauté plus nombreux que les grains de sable de la mer.

Une vilaine petite négresse. Pourquoi ne retourne-t-elle pas sa peau, sa peau de soulier mouillé, qui ne veut pas reluire ?

Une femme ayant un domestique nègre accouche d'un petit vraiment trop noir.
— S'il ne change pas de couleur, celui-là, dit le monsieur, j'en connais un que je flanque à la porte.

J'avais beau dire à la négresse : « Ôte donc ta chemise » : elle restait noire.

NEIGE

La nature a de la neige dans les oreilles.

Tous ces petits villages sous la neige, comme enveloppés de fourrures blanches.

Neige. Le village dort sous une nuit blanche.
Neige. Une campagne poudrée, une campagne de Cour.

La neige s'attardait çà et là, comme il reste quelquefois du savon dans les oreilles.

La neige sur l'eau : le silence sur le silence.

Un mouchoir, un bout de neige perdu au bord d'un fossé.

Elle regardait la neige, de toute son âme blanche.

NERFS

Il faut que je me lève, que je marche et me secoue, que je donne du jeu au filet de mes nerfs qui souffrent d'être trop tendus.

Vous avez vos nerfs, madame, Moi, je n'en ai qu'un mais il est de bœuf.

Une femme électrique qu'on n'ose pas toucher du bout du doigt.

NEURASTHÉNIE

La neurasthénie, c'est la misanthropie. Nous n'osons même plus nous servir de mots qui nous fassent honneur.

Neurasthénique : un homme en bonne santé qui a une maladie mortelle.

NEZ

Nez pointillé de noir comme une fraise.

Bien tuberculeux, à le juger par la pomme de terre de son nez.

Son nez a l'air plus vieux que le reste de sa figure.

Un nez qui serait commode si on avait envie de l'embrasser sur la bouche.

Ses narines se collèrent comme les feuilles d'un livre qu'on ferme.

Elle a fait trop de pieds de nez avec son nez un peu écrasé. (11)

NEZ (Gros)

Un nez à perte de vue.

On était choqué par son nez. Il semblait avoir été pincé dans tous les livres d'une bibliothèque, et il défendait la bouche contre la menace du baiser.

Avec un long nez qui le raccrocherait sûrement quelque part s'il faisait une chute. (28)

NEZ (Fonction du)

Il me fait souvent l'effet de vouloir éternuer plus haut que le nez et de japper avec son ombre. (4)

Le geste embarrassé du monsieur qui a, entre le pouce et l'index, quelque chose venant du nez.

Le supplice d'un scaphandrier qui aurait envie de se gratter le nez.

Un nez qui prise : une poudrière.

Elle prise, et son nez recourbé, à pointe mobile, semble toujours en train de piquer sur sa lèvre les brins de tabac qui retombent. (11)

NEZ illustres

Barrès, avec sa tête de grand-duc déplumé, dont le nez s'allonge jusqu'à former un angle aigu avec la ligne de la bouche et du menton.

Fasquelle. Il a un large nez écrasé au milieu du visage. C'est

(*Nez illustres*)

comme un coup de pied qu'on lui aurait donné, et dont il lui serait resté le pied.

La splendide Jeanne Hugo, avec son merveilleux nez, un nez de grande race, à la Victor Hugo.

Rachilde. C'est sur trois nez comme ce nez que devait poser d'aplomb le trépied antique. (28)

NID

Le nid de l'oiseau, ce gracieux témoignage de confiance en nous.

Le nid de pie tout en haut de l'arbre. Une tête de nègre à l'arbre qui n'a pas encore ses feuilles.

Des nids pleins d'yeux ronds et de becs blancs. (23)

Le nid qui aveugle : c'est étonnant qu'on ne l'ait pas vu même au temps des feuilles.

L'arbuste voudrait être déjà assez grand pour avoir un nid.

Nid à louer. Eau et soleil à toutes les branches.

NOIX

La noix, ces deux oreilles collées l'une contre l'autre.

La noix : ces deux minuscules tortues figées.

Les noix causent dans le sac. (28)

Le noyer est le plus taciturne des arbres.

NOM

Un jeune homme que je ne nommerai pas, parce qu'il s'appelle Roguenant.

Nietzsche. Ce que j'en pense ? C'est qu'il y a bien des lettres inutiles dans son nom.

— Je vous jure que ce nom restera gravé dans mon cœur.
— Bien, bien, madame, nous verrons ça à votre autopsie. (31)

— Ce nom-là me déplaît.
— Qu'est-ce que ça peut vous faire, puisque c'est moi qui le porte ?

NOM illustre

Un nom, c'est fait avec du ciment, du mortier, et beaucoup de goujateries.

Malheureusement, pour se faire un nom, il faut être connu.

(*Nom illustre*)

Le barbu Georges Hugo porte sur sa large poitrine l'étendard d'un nom illustre.

NOTES

Il faut qu'une note en dise plus qu'une page : sinon, elle est inutile.

Chaque note doit avoir la saveur d'une fraise.

Prends, prends des notes ! Tu les rumineras l'hiver.

Prendre des notes, c'est faire des gammes de littérature.

Une note à prendre ! Mais on ne trouve pas un crayon dans la nature.

Je n'ai pas une tour, je n'ai qu'un carnet d'ivoire.

En somme, je ne serai jamais qu'un croque-notes littéraire.

NOUVELLE

Nouvelle démentie et rementie.

Ce n'est pas nouveau : c'est renouveau tout au plus.

NOYADE

S'évanouir, c'est se noyer à l'air libre. Se noyer, c'est s'évanouir dans l'eau.

Comme quelqu'un qui cherche fiévreusement dans un livre ce qu'il faut faire pour ranimer le noyé couché sur la rive.

A la mer. Pas de baigneur, par ces temps froids.
— Mais ces gens qui sortent de l'eau ?
— Des naufragés, peut-être.

NUAGE

Nuages : les descentes de lit de la lune.

Les nuages sont comme les pensées, les rêveries, les cauchemars du ciel.

Nuages : lentes ébauches d'animaux.

Des nuages qui ont l'air d'avoir été pensés par des poètes.

Des nuages pour front de jeune fille.

Un petit nuage au ciel, comme une oie égarée.

Un gros nuage, comme un paquet de linge sale.

Nuages : comme si on avait sur la tête une mer furieuse.

NUAGES (Vie des)

De petits nuages qui semblent monter d'une cigarette.

De petits nuages blancs montent de la terre comme si on lui tondait la laine sur le dos.

Les nuages s'ouvrent comme une draperie sur la toile de fond de l'azur.

Les nuages se dressent en cercles comme des caniches blancs démesurés.

Des monuments de nuages se bâtissent là-bas.

Un nuage file comme s'il savait où il va.

Le Nord envoie ses ballots de nuages blancs au Midi.

Des nuages traînent sur le Morvan. La nue essaie des écharpes. Celle-là ne va pas : à une autre !

NUAGE, soleil et étoiles

Un nuage avec une petite étoile au derrière, comme un ver luisant.

Des nuages gris, veloutés, et comme illuminés de feux intérieurs.

Le tas de nuages à l'horizon, où le soleil couchant met le feu.

Des nuages brûlés de soleil, desséchés comme le sable, striés, en poudre.

De gros nuages blancs s'approchent de la pleine lune comme des ours d'un gâteau de miel. (12)

Les nuages passent sur la lune comme des araignées au plafond.

Les nuages au couchant font faire arrosoir au soleil.

NUAGE et pluie

Le nuage d'où tombent des fils d'eau comme du mufle d'un bœuf qui boit.

Le nuage laisse traîner ses cheveux de pluie.

Et les nuages, le ventre gonflé de pluie, rampent comme de noires araignées sur le bois.

NUAGES (Batailles de)

Les nuages se croisent, cherchent leur place, se rangent en ordre de bataille.

Un combat de nuages. Quelques-uns reviennent, comme blessés, vidés. Des petits se sauvent, puis y retournent. Une armée, nombreuse et épaisse, de pluie accourt de là-bas.

(*Nuages (Batailles de)*)

Une région relativement calme, où se forment des troupes fraîches de nuages.

Le soir, les nuages revinrent de la bataille, éclopés, sanglants, les uns, en hâte, les autres, se traînant à peine.

NUIT

La nuit s'installe dans les bois ; elle y passera même la journée.

La terre qui s'endort ramène la nuit sur elle.

O

OBSCÉNITÉ

Une confidence graveleuse me chatouillerait le creux de l'oreille comme avec une plume. (11)

Ils disent « audacieux » là où il faudrait simplement dire « obscène ».

— Bien des choses à votre femme.
— Aucune ! Elle choisirait les plus indécentes.

OBSERVATION

Regarde le vide ! Tu y trouveras des trésors.

Regarder les choses de tout le monde avec un éclairage personnel.

Dévisager les gens pour se faire l'œil.

Tous les raisonnements ont été faits, mais tout n'a pas été vu.

OBSERVATION (Mon sens de l')

Écrire, est-ce que j'ai le temps ! J'observe.

Je ne réfléchis pas : je regarde et laisse les choses me toucher les yeux.

Je vois trop vrai, et mes yeux me font mal.

Je suis comme un ruisseau qui s'arrêterait pour refléter. Qu'importe, s'il n'y a rien sur ses bords !

ODEUR

Elle n'a d'original que son odeur.

Quelle haleine ! Il n'a jamais pu attraper une mouche vivante.

(*Odeur*)

L'échalote :
— Oh ! Que ça sent mauvais !
L'ail :
— Je parie que c'est encore l'œillet. (12)

ŒIL

Oh ! Notre pauvre œil humain ! Dès qu'il regarde, on ne voit plus.

Il y a une fortune à réaliser : étudier l'œil du hibou et en faire un semblable qui permettrait de voir, la nuit.

Son œil, toujours inquiet, comme une marguerite qu'on fait tourner entre ses doigts.

Il ouvrait l'œil à se déchirer les paupières.

Quand Schwob dit qu'une chose est très bien, son œil a un petit papillotement comme des lèvres qui prient.

J'ai les yeux plus grands que le ventre, et le ventre si petit qu'il me suffit d'être propriétaire par les yeux. Rien pour mon ventre, mais mes yeux prennent tout.

ŒUF

Œufs cassés : tous ces petits soleils dans la poêle.

Bureau de tabac. A côté du zinc, des œufs rangés qui reposent dans leurs ceintures de fil de fer.

— Il y a des œufs dans votre gâteau ?
— Il y a un jaune d'œuf, au plus, pour lier la pâte.
— Oh ! Madame, rien que d'entendre chanter une poule, j'ai mal au cœur. (6)

ŒUVRE

Il faut que l'œuvre naisse et croisse comme l'arbre : il sort tout entier du germe qui le contenait, et il se développe à l'air libre, librement. C'est le jardinier qui trace des plans, des chemins à suivre, et qui abîme.

Fils légitime de mes œuvres.

OIE

Les oies au cou de serpent.

L'oie qui crache par le derrière.

Des oies, le bec dans un bec de cuir.

(*Oie*)

L'oie qui fait sa proue, son devant de carène.

Les oies dressent leurs têtes aux ouies fines comme des trous d'aiguille.

L'oie en équilibre sur ses deux pattes. Le gros derrière blanc est bien lourd, mais le cou est assez long pour faire contrepoids.

Une oie blanche qui s'est fait un tour de cou avec ses plumes.

La vieille garde ses oies avec ses lunettes.

OIE (Criailleries d')

L'oie qui ne peut pas jouer de sa trompette sans la casser tout de suite.

Elles vous regardent de leur paire de boutons et portent leur bec comme un sifflet. Leurs trous de nez pincés et rapprochés les font parler du nez.

Le jars siffle comme un tuyau d'arrosage.

OIES (Démarche d')

Des oies qui marchent assises.

L'oie. A chaque pas qu'elle fait, sur la terre humide elle laisse une image de feuille.

L'oie qui sert de guide aux autres porte un petit bâton attaché à son cou. On dirait qu'elle a un petit balancier pour se tenir en équilibre.

Oies. Grosses cuisinières qui arrivent avec leurs petits cabas sous le ventre.

Elles ont un petit oreiller blanc au derrière. Elles naviguent en marchant, et leur queue va et vient comme un gouvernail.

OIES (Sommeil d')

Le petit gazouillement d'une oie qui s'endort. Elle se laisse tomber sur le ventre, donne encore quelques coups de bec à l'herbe, se frotte le dos avec son cou qui reste sous l'aile, se puce du bec et s'endort.

Les oies couchées bavardaient de la gorge. Elles soulevaient un peu de leurs ailes pour les refermer commodément. Elles s'installaient comme des dames qui se serrent en froufroutant autour du conteur qui va leur dire une histoire.

D'une vive agitation d'ailes, des plumes gonflées, elle secoue ses puces de la nuit. (12)

OIGNON

Les oignons montés se cognent entre eux, cassent leurs boules gonflées de graines. (23)

L'oignon gonflé et bedonnant comme les clowns qui ont trente-six gilets.

OISEAU

Une goutte d'âme dans un oiseau.

L'oiseau a toujours l'air neuf, né d'hier.

L'oiseau, dont on ne voit jamais que les pattes de devant.

Un oiseau enveloppé de brumes, comme s'il rapportait des morceaux d'un nuage déchiré à coups de bec.

L'oiseau entra dans le buisson comme un bonbon peint dans une bouche barbue.

Oiseau qui se jette par la fenêtre.

Oiseau tout fier : il a l'air d'avoir volé sur Paris.

OISEAU (Piétinement d')

Des oiseaux de soleil se sont posés à terre et se cachent ou se déplacent selon l'agitation des feuilles.

Un petit oiseau qui voulait traverser la route à pied.

Les pattes des oiseaux font sur la neige de petites branches de lilas.

OISEAU et arbre

L'oiseau, ce fruit nomade de l'arbre.

Les oiseaux semblent coudre les uns aux autres, avec le fil de leur vol, tous les arbres du bois.

Le bout de la branche accompagne un peu l'oiseau qui s'envole.

L'oiseau passe d'un bâton à l'autre, comme un balancier.

Que fait l'oiseau dans la tempête ? Il ne se cramponne pas à la branche : il suit la tempête.

Bois. Il y a là des oiseaux qui ne sont jamais venus au village.

OISEAU (Idylle d')

Pour s'aimer, les oiseaux mêmes veulent y voir...
Et voilà que soudain, pour leurs amours sans voiles
Mal éclairés aux feux qui tombent des étoiles,

(*Oiseau (Idylle d')*)

Savante à composer la gamme des tons verts,
La mousse entremetteuse allume tous ses vers. (25)

OISEAUX

Bécasse. Son long bec pend si bas qu'elle semble se promener en l'air avec une petite canne. (12)

Le casoar à casque, qui a des plumes comme un Saint-Cyrien.

Le marabout-adjudant : un Anatole France en jaquette.

Serin, beau comme un jaune d'œuf.

OISEAUX de proie

L'aigle dont le bec est un chef-d'œuvre de coutellerie.

Le condor en prière.

Un faucon s'abat sur une perdrix rouge. Elle crie. Il remonte à cause du chasseur qui a entendu, mais il lui enseigne la perdrix.

OISIVETÉ

— Le temps perdu ne se rattrape jamais.
— Alors, continuons de ne rien faire.

Je sais pourquoi je déteste le dimanche : c'est parce que des gens, occupés à rien, se permettent d'être oisifs comme moi.

J'entends bâiller les huîtres.

OMBRE

L'ombre ne vit qu'à la lumière.

Clouer sur le sol, d'un coup de fusil, la tête de son ombre.

OMBRES CHINOISES

Un chat noir au bout d'une branche, au clair de lune.

Un cercle de chats blancs couchés à l'horizon.

Sur les jets d'eau, la nuit, grandissent les ours blancs.

OMNIPRÉSENCE

Être partout et dans un coin.

Il est partout comme les vieux qui n'ont plus rien à faire. (8)

OPINION

« Qui n'entend qu'une cloche n'entend qu'un son ». C'est une pensée de melon.

(*Opinion*)

— Je suis de l'avis de la majorité.
— Tout le monde est de l'avis de la majorité. Où est-elle ?

OPTIMISME

L'épicière à qui Fantec achète d'un coup vingt-quatre balles d'un sou est tellement stupéfaite qu'elle renouvelle son bail.

Ils veulent toujours que ça finisse bien ! Ils feraient épouser Jeanne d'Arc par Charles VII.

ORAGE

Orage : quelques gronderies de tonnerre.

Préparatifs d'orage. Au ciel roulaient, lentement, de pleins chariots de nuages.

Les crémaillères lumineuses de l'orage.

Un orage comme on n'en avait pas vu depuis plus de trente ans, comme tous les orages, enfin.

Orage. Un ciel de fin de bataille.

Le blanc cadavérique des maisons par temps d'orage, et le bleu de dents gâtées des fenêtres.

ORAGE (Éclairs d')

L'éclair fauche la nue.

Les paraphes à encre rouge de l'éclair.

Les éclairs, qui sont comme les traces d'une griffe invisible.

Éclairs. Celui-là casse du bois sec. Cet autre crépite comme du bois qui brûle.

Quelques éclairs, brefs, petits à peine comme le moustique qui se brûle à la flamme d'une chandelle. (2)

Des éclairs rayent le ciel entier, interminables et fantaisistes comme des signatures de grands hommes. (2)

Brisés d'un coup de foudre les nuages se rassemblent. Un éclair coud l'arc-en-ciel, lui fait un point.

Orage. Les éclairs dardent leurs langues dans la maison jusqu'à mon visage.

Après l'orage, une nuit noire, faite de tous les éclairs éteints.

ORCHESTRE

Il y avait un orchestre composé de trois musiciens et d'un colonel, comme chef, qui battait ainsi la mesure : « Un, deux, trois, feu ! ».

Archets : joncs agités par la tempête.

Musique délicieuse. Tous ces archets qui poussent comme des ongles de princesses chinoises.

Dans un silence de l'orchestre, on entendit une voix qui disait :
— Oh ! Moi, je les préfère au beurre.

OREILLE

Une grande oreille où il pouvait aisément se servir de son pouce comme auriculaire.

Il montrait le bout de son oreille à son œil de derrière la tête.

Si l'œil est un tain, l'oreille est un entonnoir.

Philippe. L'ombre de ses oreilles écartées empêche la barbe de pousser sur ses joues.

Philippe. Ses oreilles : deux moitiés d'abricot mangées par les guêpes.

Philippe. Ses oreilles gèlent, cuisent et pèlent.

ORGUEIL

Il y a la fausse modestie, mais il n'y a pas de faux orgueil.

L'orgueil d'une femme qui a reçu beaucoup de confetti.

Ils sont tellement orgueilleux, qu'ils disent, quand il a plu, que leur rue sèche plus vite que les autres.

Ils se sentent bassement supérieurs quand leur chien bat le chien des autres.

— Il est si orgueilleux qu'il se suiciderait pour se rendre intéressant. (23)

ORGUEIL (Mon)

J'avoue très humblement mon orgueil.

Je suis une horloge dont le balancier va sans lassitude de l'orgueil à l'humilité ; mais, solide sur mes pieds, je garde l'équilibre et reste debout.

Il m'arrive d'avoir conscience que je deviens un melon d'orgueil, une citrouille de vanité.

ORIGINALITÉ

Que de mal on se donne avant de prendre son originalité chez soi, tout simplement.

Il y a aussi l'originalité prévue, celle qu'on attend, qui devient banale, et qui nous laisse froid.

Pour être original, il suffit d'imiter les auteurs qui ne sont plus à la mode.

C'est de la banalité qui ne plaît pas : c'est presque de l'originalité.

Quand je ne suis pas original, je suis bête.

ORTHOGRAPHE

L'accent circonflexe est l'hirondelle de l'écriture.

Mettre de gros points sur de tout petits « i ».

Moi, dictant une lettre : « Mets donc des points, voyons ! »
Marinette : « Mais oui, tiens ! J'en ai déjà mis un là-haut. »

OUVRIÈRE

C'est l'heure où sortent des ateliers de petits modèles à suivre.

Regards obliques des ouvrières « aux pièces » aux oisifs qui leur font des visites.

P

PAIN

Clouée, stupide, Agathe tenait sur son ventre la couronne qui pèse cinq livres et semblait la réclame en cire d'une fabrique d'appareils de sauvetage. (23)

Gâteaux fades qui font apprécier le pain.

PÂLEUR

La pâleur : l'ombre de l'ombre.

Pâle comme un mur au clair de lune. (28)

Pâle comme la lune en plein jour.

Pâle comme la blanche chicorée des caves.

Pâle, comme si elle se nourrissait de neige.

PAMPHLÉTAIRE

Aujourd'hui, pour être pamphlétaire, il faudrait être d'abord un grand lyrique. L'ère des coups d'épingle a passé.

L'emportement de la satire est inutile : il suffit de montrer les choses telles qu'elles sont. Elles sont assez ridicules par elles-mêmes.

Cette manie que j'ai d'être bon tue peut-être en moi un talent de polémiste qui serait rare.

Encore un qui tenait l'Empire en échec du bout de sa plume ou de son crayon.

PANTALON

La braguette grande ouverte comme si c'était plus convenable.

Philippe déboutonné comme le Prince de Galles, mais plus bas.

Philippe. Le soupirail de sa culotte reste toujours ouvert.

PANTHÈRE

La panthère qui se frotte le ventre, étendue comme un tapis au soleil.

La panthère qui fait mal aux yeux en passant et repassant derrière ses barreaux.

La panthère descendue au pied de son lit. (12)

Les panthères : frottement amoureux de tapis. Elle grogne et cherche à agacer le mâle dont la superbe indifférence l'irrite. Elle passe devant le nez du mâle qu'elle chatouille. Lui, se dresse et va s'asseoir sur elle, mais elle fait la coquette farouche, gronde et montre ses dents. « Elle ne sait pas ce qu'elle veut », semble penser le mâle ennuyé et rêveur.

PAON

Paon. Il relève sa robe à queue toute lourde des yeux qui n'ont pu se détacher d'elle. (12)

Glorieux, il se promène avec une allure de prince indien et porte sur lui les riches présents d'usage. (12)

Plumes de paon qui, tournant arrogamment leur roue, trempaient dans un rayon de soleil leurs aigrettes nuancées et leurs yeux cerclés de couleurs vives. (5)

Le paon mue. Il a le cou pelé comme si quelqu'un s'était frotté à sa peinture mal séchée.

Le paon. L'amour avive l'éclat de ses couleurs et son aigrette tremble comme une lyre. (12)

PAPILLONS

Les papillons, petits châles pour les fleurs.

Papillon, fleur vagabonde.

Papillon. Ce billet doux plié en deux cherche une adresse de fleur. (12)

PARADIS

Le paradis, c'est un château en Espagne.

Le paradis n'est pas sur la terre, mais il y en a des morceaux. Il y a sur la terre un paradis brisé.

Il n'y a pas de Paradis, mais il faut tâcher de mériter qu'il y en ait un.

Dieu nous dira souvent : « Vous n'êtes pas au ciel pour vous amuser ».

(*Paradis*)

Ils croient un peu au Purgatoire, comme à une espèce de salle d'attente où ils resteront jusqu'à ce que passe le train du Paradis.

PARC

Un beau parc, qui excite à aller se promener sur la route.

Le Luxembourg n'est qu'une voûte de feuilles où des gens rêvent.

Le parc Monceau : un immense parasol en feuilles.

PARDESSUS

Une pelisse, pourquoi faire ? J'ai connu un ours qui mourait d'envie d'avoir une jaquette d'alpaga.

Capus et son pardessus de 2000 francs dont chaque poil fut planté à la main.

PARESSE

Le travail pense, la paresse songe.

Il y a un état de paresse où l'esprit, lui aussi, semble vivre de ses rentes.

Quand la paresse rend malheureux, elle a la même valeur que le travail.

Il ne faut pas croire que la paresse soit inféconde. On y vit intensément, comme un lièvre qui écoute.
On y nage comme dans l'eau, mais on y sent le frôlement des herbes du remords.

Il y a dans la paresse un état d'inquiétude qui n'est pas vulgaire, et auquel l'esprit doit peut-être ses plus fines trouvailles.

Pour nous punir de notre paresse, il y a, outre nos insuccès, les succès des autres.

Il lui suffisait, pour se donner le droit de paresser, qu'une mouche se posât sur sa feuille de papier blanc. Il n'écrivait pas, de peur de la déranger.

Enfin, s'il parvenait à travailler, la montagne de sa paresse accouchait d'une souris.

PARESSE (Ma)

Chacun a sa tare cachée et qui le ronge. Moi, c'est la paresse, mais elle m'est agréable à gratter.

Paresseux comme tous les hommes d'intérieur qui ont trop le temps de travailler.

(*Paresse (Ma)*)

Je me surmène de paresse.

Qu'on me laisse ! Je suis roulé dans la paresse. J'ai noué sur moi les cornes de l'édredon.

Dans ma vie j'ai perdu plus de mille ans.

Dieu n'exige pas que je gagne mon pain à la sueur du front des autres. (2)

Dites partout que je ne « fiche » rien. Ça rend sympathique. (7)

PARIS

Ajoutez deux lettres à « Paris » : c'est le PARADIS.

Paris. Tous ces yeux que nos yeux croisent, qui cherchent le bonheur !

Paris éclairé en plein jour par un temps de neige.

Paris devient fantastique. Ces omnibus sans chevaux... On a l'air de vivre au Pays des Ombres. Dans ces bruits, ces reflets, cette brume, on marche avec angoisse, avec la peur moins de se faire écraser que de ne déjà plus vivre. L'impression d'une immense cave, et la tête en bouillie par tout ce fracas.

PARLER (Façons de)

On peut parler naturellement et faux.

Parler en italique.

C'est une façon de mal parler.

Veber, qui me parle avec son air d'élégante chèvre qui broute en mangeant ses mots.

Lautrec, avec un grognement qui sépare ses phrases, soulève ses lèvres comme le vent les bourrelets d'une porte.

Charles Morice parle la tête dans son pantalon.

PARLER (Rythme du)

Puisque nous ne pouvons parler l'un après l'autre, tâchons de parler avec ensemble, au pas. (31)

Rien ne sert de parler bien : il faut parler vite, afin d'arriver avant la réponse. On n'arrive jamais.

Faire causer, c'est le talent le plus rare ; c'est bien plus difficile que de parler soi-même.

Il parle avec tant de lenteur qu'il ne répond jamais qu'à l'avant-dernière question.

(*Parler (Rythme du)*)

Il zézayait, comme si, à cause de l'agitation de sa tête, il n'avait plus le temps de toucher aux mots que du bout de la langue, de l'extrême pointe. (6)

Elle parle vite, moi aussi, de sorte que nous ne savons pas trop ce que nous disons.

Heredia, qui précipite sa phrase et ne peut jamais arriver au bout : il bégaie avant le dernier mot.

PARLER (Ma façon de)

J'aime à parler, pourvu que je contredise.

Chaque fois que je viens de parler un peu trop longtemps à quelqu'un, je suis comme un homme qui s'est grisé et qui tout honteux, ne sait où se fourrer.

Je n'aime à parler qu'avec des gens plus grands que moi et dont la bouche me dépasse parce qu'ainsi les odeurs montent.

PARLER (Expression du)

Il avait des façons de parler délicates et disait : « N'est-ce point ? » au lieu de « N'est-ce pas ? ».

Il y a des gens qui, toute leur vie, se contentent de dire : « Évidemment ! Parfaitement ! C'est horrible, admirable, extravagant, bien curieux. » Par eux-mêmes, ils n'ont aucune valeur, mais ils sont d'un grand secours à autrui : ils lui servent de verbes auxiliaires.

Prononcer vingt-cinq aphorismes par jour et ajouter à chacun : « Tout est là ».

Pauvre langue française où le mot « tournure » s'applique également bien au derrière des femmes et à l'esprit des hommes ! (31)

Pourquoi, en latin « quot quot » ne signifie-t-il pas le chant d'une poule ?

PARLEUR

Un beau parleur, c'est un homme qui jongle très bien avec des boulets vides.

Un homme qui parle se ferait remarquer tout de suite s'il renonçait aux banalités courantes qui lui donnent l'air d'un homme de bon sens. Hélas ! C'est sa force.

Enfin, voilà un causeur original ! Je l'ai, de mes oreilles, entendu dire : « Il n'y a rien de relatif, tout est absolu. » (14)

(*Parleur*)

Valéry, un prodigieux causeur. Il montre de surprenantes richesses de cerveau, une fortune.

PAROLE

Elle a une facilité de parole, une légèreté d'organe qui lui permettent d'avoir l'air précis quand elle dit vaguement des choses profondes.

Léon Barthou. Parole facile, aisée, dentale, trop d'accent à mon goût. Paroles d'un homme qui explique bien, mais qui n'a pas trouvé lui-même ce qu'il explique.

Nous prononçons de ces paroles inutiles et vaines que le simple mouvement de la marche fait sortir de la bouche.

Bel homme : il ne lui manque que de ne pas avoir la parole.

L'homme se dépeint par quelques mots qu'il laisse échapper. Dès qu'il fait une phrase entière, il ment.

PASSÉ

On ne peut revivre le passé que tout seul. A deux, l'accord manque.

L'Ancien Régime, pour quelques-uns c'est une tabatière d'argent, une prise de tabac et une pichenette au jabot.

Et zut aussi pour « le charme un peu triste des choses fanées ».

PATERNITÉ

Scène possible. L'enfant est mort. La mère et le père sont en larmes. Mais l'amant prend la main de la femme, frappe sur l'épaule du mari et dit :

— Allons, du courage ! Nous vous en ferons un autre.

Paul Adam est mécontent de la vie et content de n'en avoir pas fait cadeau à un enfant.

PATRIE

La patrie, c'est toutes les promenades qu'on peut faire à pied autour de son village.

La patrie serait bien forte si on était soldat à douze ans ; à vingt ans, c'est déjà trop tard.

Patriotes parce qu'ils font partie d'une société de tir.

PATRIOTISME

Patriotisme. Le taureau nivernais refuse quelquefois de regarder une petite vache bretonne.

Le comble du patriotisme, fuir un ciel bleu de Prusse.

Au fond de tout patriotisme il y a la guerre : voilà pourquoi je ne suis point patriote.

PAUPIÈRE

Sur l'éclat intermittent des yeux, les paupières se meuvent comme des nuages d'ombre et règlent la clairvoyance. (18)

Ses paupières battent comme des volets mal accrochés. (11)

Jean Lorrain avec ses yeux enflés et dont les paupières ressemblent à des capotes de diligence, lâches, et qui retombent toujours.

PAUVRE

Sur les pauvres qui rentrent pour l'hiver, la maison basse ferme son toit comme deux ailes. (28)

Un pauvre qui, à sa mort, ne laissera d'autre héritier que Dieu.

PAYS

La nostalgie que nous avons des pays que nous ne connaissons pas n'est peut-être que le souvenir de régions parcourues en des voyages antérieurs à cette vie.

Pays parfois si plat qu'on s'étonne que le train ne prenne pas par le plus court.

Mon pays, c'est où passent les plus beaux nuages.

PAYSAGE

Ce paysage ne tombe pas dans l'œil d'un aveugle.

Je pense à vous et, devant chaque beau site, je pousse une exclamation en votre honneur.

PAYSAN

Un paysan est un tronc d'arbre qui se déplace.

Ils portent leurs lourdes mains comme de vieux outils.

Si matinaux qu'ils semblent préparer leur travail durant toute la nuit.

Ils ont une vie silencieuse de poireaux, et on s'étonne qu'ils ne gèlent pas.

(*Paysan*)

Les mâchoires lentes du paysan. Quand il mange, on croit qu'il pense.

Le paysan est peut-être la seule espèce d'homme qui n'aime pas la campagne et ne la regarde jamais.

Le paysan âpre au gain ! C'est bientôt dit : je voudrais vous y voir.

PAYSAN (Visage de)

Ils ont de grosses têtes, comme des bûches, avec des nœuds qui m'écorchent et que je ne sais pas par quelles cornes prendre.

Figure de Philippe. Elle ressemble à une motte de terre dont sa barbe serait l'herbe sèche. (2)

PAYSAN (Pensées de)

Leur langage est plein de petites images d'un sou qui les amusent.

L'ignorance du paysan se compose de ce qu'il ne sait pas et de ce qu'il croit savoir.

La sagesse du paysan, c'est de l'ignorance qui n'ose pas s'exprimer.

A force de leur expliquer quelque chose, on n'y comprend plus rien.

PAYSANNE

Mains de paysannes comme des fourches.

Les paysannes sont comme les fleurs des champs : sous le nez, ça ne sent rien, ou ça sent mauvais.

Ragotte. Il lui suffit de porter un fagot pour avoir l'air d'une forêt qui marche.

PEAU fine

Je baisai le joli gantelet de sa peau fine.

Une peau sèche et douce, une peau de bois blanc.

Une peau douce comme la pulpe d'un fruit.

— Elle a la peau si fine !
— Et si blanche !
— Mais c'est bien salissant ! (16)

PEAU craquelée

La peau se plaque, comme elle peut, sur les os qui prennent une importance !... Et il y a des croûtes sur la peau comme sur le bois qu'on ne repeint jamais.

Femme. Une peau de raisin qui a eu froid.

Des gorges, des peaux pas plus troublantes que des linges qui sèchent à la poussière, sur des cordes.

PÊCHE à la ligne

Le pêcheur manque plusieurs fois un poisson et dit : « Est-il bête ! »

— Premier prix au Concours général...

— Oh !

— ... de pêche.

Inventeur de la ligne-parasol qui permet de se tenir à l'abri du soleil tout en prenant du poisson.

Mon bouchon penche sur le côté et, sous le roulis, s'agite comme ces lapins en carton dont on branle la tête du bout du doigt.

PÊCHE

Les jolis yeux rouges du pêcher en fleur.

Je me moque des pommes d'or du jardin des Hespérides : donnez-moi une pêche.

PEINTRE

Les peintres peuvent toujours dire que leur tableau est mal éclairé.

Le peintre qui s'apprête à peindre le soleil fait des théories, et, quand il veut commencer, le soleil n'est plus là.

Un gros monsieur rond qui n'est vêtu que de taches, un peintre.

PEINTRES

Renoir, le plus fort peut-être, et, à la bonne heure ! celui-là n'a pas peur de la peinture : il met tout un jardin sur un chapeau de paille.

Parfois, en une nuit, un gros champignon a poussé sur la butte : c'est le peintre Pail et son parasol.

Valloton très épris de marine, comme un amiral suisse.

PEINTURE

De la peinture, ce doit être compris par un enfant.

Peindre sur toiles d'araignées.

(*Peinture*)

Pail. Ses tableaux n'ont jamais entendu de bêtises : on ne leur dit rien.

On achète des tableaux pour les vendre plus cher, ou pour avoir au moins le droit de dire : « Aujourd'hui, je les revendrais ça. »

Quand je suis devant un tableau, il parle mieux que moi.

PÉLICAN

Pélican qui tient son bec comme un sabre de bois. (12)

Le pélican qui porte son bec dans son tablier.

PENSÉE

Une pensée écrite est morte. Elle vivait. Elle ne vit plus. Elle était fleur. L'écriture l'a rendue artificielle, c'est-à-dire immuable.

Toute seule la pensée va où elle veut. Avec le porte-plume, elle n'est plus libre. Elle tire de son côté, lui du sien. Elle est comme un aveugle que son bâton conduit de travers, et ce que je viens d'écrire n'est déjà plus ce que je voulais écrire.

Écrire des pensées, c'est relever chaque jour, comme un épicier d'ordre, les petites recettes de son esprit. (20)

PENSÉES (Mes)

Quel calme ! j'entends toutes mes pensées.

Le jour, j'allume seulement ma pensée. Elle est parfois morne comme un feu qui ne veut pas prendre. Mais, dès le sommeil, elle flambe. Mon cerveau est une usine de nuit.

Pensées légères comme des papillons, passez, fuyez ! Si je vous prenais, si je vous piquais, de ma plume, sur mon papier, ça vous ferait trop mal.

J'écris des pensées pour quand je serai mort. Elles ne me servent à rien pendant ma vie : j'oublie même de les penser.

Je marche, la tête dans un vol de moucherons, et ma tête est pleine d'une poussière de pensée.

PENSER

Penser, c'est chercher des clairières dans une forêt.

Des heures où l'on pense à blanc.

La tête glacée. Ses pensées s'arrêtent dans son foulard.

(Penser)

L'air pensif comme les gens qui, à table, retiennent leur serviette avec le menton.

Il est difficile d'imaginer à quel point cet homme, qui se promène l'air absorbé, peut ne penser à rien.

PERDRIX

Les perdrix s'ouvrent comme des ombrelles.

La perdrix fait le bruit d'un dard qu'on aiguise.

Les perdrix filent droit comme le long d'un fil.

Oh ! étrangler une perdrix, lui serrer le cou, sentir entre ses doigts cette petite flûte de vie.

On coupe les blés. Les perdrix doivent se dire : « Ils nous ravagent notre patrie ! »

PÈRE et fils

Un père a deux vies, la sienne, et celle de son fils.

Le rôle de quelques pères est de se venger, sur leurs enfants, de ce qu'ils sont embêtés à cause d'eux.

La communication est difficile entre un père et un fils quand le père ne veut pas être le maître jusqu'à l'injustice.

Mon père et moi, nous ne nous aimions point par le dehors, nous ne tenions pas l'un à l'autre par nos branches : nous nous aimions par nos racines souterraines.

PERFECTION

Sous prétexte que la perfection n'est pas de ce monde, ne gardez pas, soigneusement, tous vos défauts.

Pour peu qu'on tâche de se perfectionner, on voit les autres rapetisser, comme s'ils s'enfonçaient dans le sable.

Le parfait est toujours un peu médiocre.

Heureux ceux qui sont nés parfaits ! On a beau faire, on ne le devient jamais.

PERLE

Des perles plein les doigts, comme si elle avait traîné ses mains au fond de la mer.

Il n'y a aucune différence entre :
la perle vraie et la perle fausse.

(*Perle*)

Le difficile c'est d'avoir
l'air désolé quand on casse,
ou qu'on perd la perle fausse.

PERROQUET

Des perroquets à tête rouge grincent comme des chaînes rouillées.

Le perroquet au bec noir comme un vieux fond de porte-monnaie, avec sa langue de cuir.

Perroquet peint comme un Huron.

— Un perroquet, dit Veber, c'est un oiseau peint par une main d'enfant.

Tous les animaux parlent excepté le perroquet qui parle.

PETITESSE

D'Esparbes, plus petit encore qu'il n'en a l'air.

Toulouse-Lautrec. Plus on le voit, et plus il grandit. Il finit par être d'une taille au-dessous de la moyenne.

Lautrec a la taille de son nom. Il fait mal d'abord par sa petitesse.

Lautrec : un tout petit forgeron à binocle. Un petit sac à double compartiment où il met ses pauvres jambes.

Sarah souriait et avait l'air toute petite, dans une poche.

Fernand Xau est, physiquement, un des plus petits hommes que je connaisse, mais, à force de platitude, il arrive à me paraître encore plus petit.

PEUPLE

Le peuple, ce roi fainéant.

Le peuple, c'est l'enfant bien sage qui fait la grimace dès qu'on a le dos tourné.

PEUPLIER

Un peuplier se balance comme une grande perche.

Peupliers en automne : deux ou trois rangs de chandeliers qui ne s'éteignent ni jour ni nuit.

Les peupliers se dressent comme des doigts en l'air et désignent la lune. (12)

(*Peuplier*)

Le rebord encore doré par le soleil, la lune passe en revue les peupliers qui ne se sont jamais tenus plus droits.

Les peupliers fantômes écartent peu à peu leurs draps de brume.

Envolée d'un peuplier, une bande de chardonnerets, et l'arbre semblait brusquement secouer des fleurs chantantes. (6)

PEUPLIER (Feuilles de)

Un peuplier, toutes ses feuilles retroussées au vent, va traverser le canal.

Les peupliers, toutes feuilles du même côté, ramènent leurs cheveux sur leurs tempes.

Le peuplier qui n'a plus que son toupet à la Rochefort.

PEUR

La peur est une brume de sensation.

Petit bénéfice de la peur : essayer de donner du courage aux autres.

Il y a le peureux qui regarde sous son lit, et le peureux qui n'ose pas même regarder sous son lit.

A mon pantalon marqué au genou on voit que, chaque soir, je regarde sous mon lit.

PHARE

Sur le sable blanc surgit un phare comme un parfait au café sur une nappe.

Le coup d'éventail lumineux d'un phare tournant.

PHILOSOPHIE et psychologie

La philosophie, c'est du tir au juger : on ne voit jamais où passe Dieu, ni si on l'attrape.

La psychologie. Quand on se sert de ce mot-là, on a l'air de siffler des chiens.

PHOQUE

Les phoques, beaux nageurs qui se baignent avec des grâces d'hommes.

Des phoques se poussent gauchement des coudes, comme des Auvergnats dans le monde. Leurs petites oreilles pincées, leur gueule rose plantée de chicots noirs.

PHOTOGRAPHIE

Chaque fois qu'on se fait photographier, on croit qu'il va naître un dieu.

Pelletan, sa photographie. On n'aimerait pas à le rencontrer au coin de l'Europe.

PHRASE

La phrase ne peut être que le filtre de la pensée.

Une phrase battant neuf.

Une phrase qui vibre court, comme un fil de fer trop tendu.

Une phrase solide, comme construite avec des lettres d'enseigne en plomb découpé.

Des phrases courtes et claires, et un peu plates, avec, çà et là, une autre phrase qui se dresse comme une fleur éclatante au milieu d'herbes d'une pâle verdure.

Cette sensation poignante qui fait qu'on touche à une phrase comme à une arme à feu.

PHRASE (Nature d'une)

Prends garde à cette phrase que tu vas écrire : des yeux de l'autre monde peut-être la liront. Il ne faut pas qu'elle y laisse un nuage trouble.

Le petit frisson avant-coureur d'une belle phrase qui vient.

Il faut qu'une phrase soit si claire, qu'elle fasse plaisir au premier coup, et, pourtant, qu'on la relise à cause du plaisir qu'elle a fait.

Phrase qu'il faut lire deux fois, non parce qu'elle est profonde, mais parce qu'elle n'est pas claire.

PHRASE (Ma)

L'arc de ma phrase est toujours tendu.

Bien changer ma phrase, bien viser, et faire mouche.

Je préfère aux beaux livres la belle page et à la belle page la belle phrase. (31)

PHRASES d'écrivains célèbres

La phrase, lourde, et comme chargée de fluide électrique, de Baudelaire.

Cette phrase de Huysmans, cette phrase-chariot. Il me semble quand je lis, qu'on m'oblige à courir dans des ceps de vigne.

(*Phrases d'écrivains célèbres*)

Michelet : une phrase qui a une maladie nerveuse, qui a le hoquet.

La phrase de Rosny, telle une personne un peu ivre qui marcherait de travers sur une route magnifique.

Sarcey, dans une de ses phrases qu'il tourne comme des meules. (7)

Les phrases de Villiers de l'Isle-Adam : des hochets d'os où sonneraient des grelots d'or.

Certaines phrases intenses de Villiers de l'Isle-Adam me font comme un coup de fusil tiré dans la tête.

PIE

La pie, notre perroquet des champs.

La pie, cet oiseau qu'il faut toujours remonter.

La pie, corbeau qui passe en demi-deuil.

La pie qui a toujours l'air de descendre un escalier.

Deux pies jouent. Leur vol se noue et se dénoue comme un nœud de cravate.

Une pie propriétaire de tout un pré.

Le peuplier jongle avec deux pies que le vent affole. (2)

Sur l'éteule sèche, des pies jouaient au volant.

PIE en habit

La pie. Avec son tablier blanc, elle ressemble à une sœur de charité sur la route. (12)

Elle sautille à pieds joints par terre. En habit dès le matin pour bavarder jusqu'au soir, insupportable avec sa queue-de-pie, c'est notre oiseau le plus français. (12)

La pie était embarrassée de sa queue, comme d'une robe à queue.

La pie à longue queue perchée sur sa branche, comme une pipe.

Voleuse et cruelle, pour donner le change, la pie se déguise en sœur de charité.

PIED

Ses pieds laissaient des empreintes de petits violons.

Debout sur ses larges pieds d'armoire. (31)

(*Pied*)

Mes pieds remuent comme la queue d'un chien qu'on flatte. (11)

Il met de petits monocles à ses œils-de-perdrix.

PIGEON

La peinture fine d'un petit pigeon neuf.

Pigeons. Que leur col fugitif vive et meure comme l'opale au doigt. (12)

Ils échangent des saluts frénétiques et brusquement, l'un et l'autre se contractent. (12)

Les deux pigeons. Ils s'aiment d'amour tendre, mais ce sont deux femelles. Chaque fois, rien.

Des pigeons au col onduleux.
Se pavanent dans l'herbe tendre,
Et le pain s'émiette autour d'eux.
Ils n'ont qu'à becqueter pour prendre. (22)

PIGEON (Vol du)

Pigeons. Leur vol fait le bruit d'un rire étouffé de jeunes filles, de nonnes au couvent.

Le vol d'un pigeon qui se pose sur une branche trop faible : de l'aile, il aide la branche.

Un pigeon se posa sur ma fenêtre et s'envola avec un bruit de serviette claquante.

Les pigeons perchés, les coudes au bord du ciel.

PINGOUIN

Pingouin en mac farlane. (12)

Pingouin, le bout de ses ailes dans sa poche de gilet.

PINTADE

Pintade. C'est la bossue de ma cour. Elle ne rêve que plaies à cause de sa bosse... La tête bleuie, ses barbillons à vif, cocardière, elle rage du matin au soir. (12)

— Le modeste demi-deuil de sa robe à pois blancs, dit Rostand de la pintade.

PISSENLIT

Le jaune d'œuf du pissenlit.

Pissenlit qui s'étire comme un poulpe minuscule. (5)

PISSER

Bernard, avant que d'entrer dans une vespasienne, frappe à la porte, sur la tôle.

J'ai justement une envie de pisser qui va me permettre de passer trois ou quatre heures au soleil. (7)

Une bonne qui, trop paresseuse pour aller chercher de l'eau, pissait sur le plancher et balayait ensuite.

PIVERT

Les piverts volent comme des vagues.

Le pivert : « Peut-on entrer ? ». Il regarde de l'autre côté s'il a percé l'arbre. Le chirurgien des arbres.

PLAGIAT

Les tout petits littérateurs emmaillotés qui ne poussent encore que de vagues cris d'imitation. (26)

Paul Adam écrit tout ce qui nous passe par la tête.

Mendès. L'homme le moins original qui soit, mais il a tant de talent qu'il sait jouer de toutes les originalités des autres.

PLAISANTERIE

Jamais nous ne sommes plus heureux que quand nos plaisanteries font rire la bonne.

Jaurès. A une de ses plaisanteries, il rit trop, d'un rire qui descend des marches et ne s'arrête qu'à terre.

PLAISANTERIES (Mes)

Je ne prends bien que mes plaisanteries.

Quand je fais une plaisanterie, je regarde la bonne du coin de l'œil, pour voir si elle rit.

Je ne ris pas de la plaisanterie que vous faites, mais de celle que je vais faire.

PLAISIR

Chacun trouve son plaisir où il le prend.

Les plaisirs ne me font pas plaisir.

PLANTE

Une plante exotique s'ouvrait comme un éventail de rasoirs.

La fougère : une pagode chinoise

Plantes de serre : plantes à l'hôpital.

PLEUR

Il pleurait à verse.

Il pleure à froides larmes.

Pleurs qui montent d'une âme trempée jusqu'à la corde.

La honte de pleurer qui donne l'effronterie de rire.

Sourire. Il faudrait avoir : « soupleurer ».

PLEURS de femme

Elle pleurait tellement qu'on l'eût pu croire affligée.

Elle pleure comme une source pure. (14)

Quand elle pleure... sa figure est une pomme à cidre qu'on écrase.

PLUIE

Le délicat treillage de la pluie.

Une goutte de pluie, comme un œil au bout d'une antenne.

Une pluie mêlée de gouttes de piano.

Pluie. Petites pièces de dix sous d'eau pure que le nuage jette dans le canal.

Fils de la pluie coupés en deux par les martinets.

Les mille-pattes du troupeau de la pluie.

La pluie pose à terre des miroirs à étoiles.

PLUIE forte

Il n'y a pas une goutte de pluie qui ne soit tombée aujourd'hui.

Il a tant plu que, dans chaque ornière de la route, une petite fille pourrait s'installer un lavoir. (2)

De grosses gouttes de pluie toutes blanches, des gouttes de foudre.

La pluie faisait dans les gouttières le bruit de quelqu'un qui mâche du caoutchouc.

La campagne toute mouillée. Les branches minces enfilent des gouttes de pluie.

Ces grosses pluies orageuses qui tombent de lassitude de se tenir en l'air.

Les grosses dragées fondantes de la grêle.

Celui qui met un frein à la fureur des flots ne peut pas arrêter cette pluie.

PLUME (Ma)

Ma plume fait un bruit comme une oie qui mange de l'herbe.

Ma plume brûlait le papier comme un insecte de feu.

Je me laboure avec ma plume.

Une petite sonnette à mon porte-plume pour que je ne m'endorme pas.

Il pousse de l'herbe à mon porte-plume.

POÊLE

Dans un cercle d'ombre le poêle donne son ronflement par sa petite porte ouverte comme une bouche rouge.

Le poêle bourré fait craquer ses os de fonte.

Le petit galop serré d'un poêle tout neuf qui ronfle.

POÉSIE

Appelons poésie une création par l'image et le rêve.

C'est de la poésie comme l'or est un métal précieux : par convention.

Poésies : beau titre pour un livre de prose.

POÉSIE (Ma)

J'ai attelé Pégase à une charrue. Il a beau piaffer : il faut qu'il marche avec lenteur et qu'il laboure mon champ. Il reniflait, jetait du feu, piaffait, m'offrait sa croupe, prêt à s'envoler.

Je voudrais être en prose un poète mort qui se regrette.

Poète ? Non. Je n'ai de ma vie touché une lyre.

POÈTE

Poète brillant, au sens de « râpé ».

Il a plusieurs cordes à l'arc de sa lyre.

Oh ! ces poètes de terroir qui n'ont même pas un petit goût de fumier.

Poètes nouveaux. Retenez bien ce nom, car on n'en parlera plus.

Poète. Comme la cigale : une seule note indéfiniment répétée.

Mallarmé. Si, encore, il était velu comme un fauve, je pourrais le caresser.

POÈTE (Prérogatives du)

Le poète seul ne rougit point d'avoir eu un âge où il disait et faisait des gamineries.

(*Poète (Prérogatives du)*)

On peut être poète avec des cheveux courts.
On peut être poète et payer son loyer.
Quoique poète, on peut coucher avec sa femme.
Un poète, parfois, peut écrire en français.

POIRE

L'admirable chose, mon ami, qu'une belle poire bien mûre, gonflée, lourde et qui semble rose du dernier effort qu'elle fait pour rester pendue à sa branche de salut. (18)

Les fleurs des poiriers sont toutes prêtes pour aller à un mariage.

Une poire oubliée lâche tout et tombe assise sur le derrière. (28)

POISSON

Un poisson qui se retourne met la tache d'une plaque d'argent dans le terne de l'eau.

Les poissons apparaissent sur l'eau et jettent un éclat bref, comme les souvenirs remontent à fleur de mémoire.

De gros poissons blancs ouvrent leur gueule lentement, lentement, comme on fait avec les mains quand on veut projeter l'ombre d'une gueule de loup sur un mur.

POISSONS et crustacés

Brochet. Immobile à l'ombre d'un saule, c'est le poignard dissimulé au flanc du vieux bandit. (12)

Des chimères mordant leur queue en fleur de lys.

Les crabes, galets marchant.

Gougeon. Sa bouche, ornée à la lèvre inférieure de deux barbillons comme de petites moustaches molles. (12)

Les hippocampes. Ils se tiennent droits comme des épingles de cravate. Ils montent ou descendent dans l'eau en dépliant ou repliant leur queue.

Le homard est le cardinal des mers ! (11)

Une perche, zèbre de l'eau, lève la tête, se cabre, et se tient droite dans son fourreau de barres.

Autour du jet d'eau, des bandes de rougets se serrent. On dirait un reflet sanglant oublié là par le soleil. L'un d'eux se détache et tombe au bord comme une larme rouge.

(*Poissons et crustacés*)

Truite fraîche comme si elle sortait de l'eau, elle palpite dans sa légère cotte d'écailles vert et or. (2)

POISSONS et pêche

Le poisson tire le bouchon au fond de ses ténèbres.

Comme à leur nez s'égrène un vol de moucherons,
Les poissons pailletés à fleur d'eau font des ronds,
Et repus, loin des bords, se demandent par signe,
A quoi s'occupe ainsi le pêcheur à la ligne. (25)

POITRINE de femme

Quand je regarde une poitrine de femme, je vois double.

Femmes décolletées dont la poitrine fraîche et chaude remue comme un potager printanier.

Des bras trop courts, et une poitrine si forte, pour se laver les mains.

POLITESSE

La politesse exige que deux personnes qui se croisent lèvent ensemble leurs parapluies et s'accrochent.

Avare, mais très poli. Quand un mendiant ôte sa casquette pour la lui tendre, il le salue profondément.

POLITIQUE

La politique devrait être la plus belle chose du monde : un citoyen au service de son pays. C'est la plus basse.

En politique, la sincérité a l'air d'une manœuvre compliquée et sournoise, d'une fourberie savante.

Nettoyer les écuries d'Augias avec un cure-dent.

Imaginez le chagrin d'un candidat qui n'aurait aucune promesse à faire à ses électeurs. (17)

POLITIQUE (Opinions)

Un modéré, c'est un monsieur qui s'occupe modérément des intérêts d'autrui.

Il faudrait faire partie d'une ligue tout seul.

Parce que j'ai des lys dans mon jardin, ils disent que je suis royaliste.

POMME et pommiers

Belles pommes qui ont des peaux humaines.

Une vieille petite bonne femme de pomme.

Des pommiers verts et ronds comme des prunes, ou comme des bonnets à poil de l'Empire.

Explosions blanches des pommiers en fleur.

Un pommier fleuri comme un garçon d'honneur. Les arbres se marient.

Des pommiers coiffés de blanc comme des chefs de gare.

POMME DE TERRE

Sacs de pommes de terre debout : petits vieux tassés, en bonnet de coton.

Il arrache les pommes de terre. Il les rejette entre ses jambes. Il y en a une traînée derrière lui : on dirait qu'il les a faites lui-même.

Dans les champs de pommes de terre, les paysans ont tous l'air de creuser leur fosse.

Des paysans arrachent leurs pommes de terre, courbés comme s'ils les mangeaient.

PORC

Des porcs immobiles, ventre à terre.

Les porcelets ne se trompent jamais sous le ventre de la truie, et chacun reconnaît, dès le premier soir, la mamelle qui est à lui.

PORC-ÉPIC

Porc-épic garni de porte-plume bien gênants pour lui et son amie. (12)

Le porc-épic, agitant avec bruit ses dards, comme un guerrier indien ses flèches.

Le porc-épic qui veut mettre son nez au derrière de sa femme, mais elle se rebiffe et il se pique le nez aux dards. On rit. Il s'arrête, nez à terre, œil en dessous, fâché, prêt à nous dire : « Tas de gourdes, je voudrais bien vous y voir ! »

POSTÉRITÉ

Réservé, au départ de la vie, pour la postérité.

J'ai un travail qui presse, pour la postérité.

(*Postérité*)

Ah ! Ah ! Qui est-ce qui, grâce à moi, va aller tout de suite à la postérité ? C'est ma petite femme.

Moi et toi, cochon, nous ne serons estimés qu'après notre mort.

POSTILLON

Postillons : intempéries du langage.

Et ta bouche fait le syphon d'eau de seltz à la face d'autrui. (31)

De Heredia lançant à toute volée le quadrige de ses postillons.

POULE

Chaque poule, la tête sous un cachet de cire rouge.

Les poules de Hollande à tête de corbillard.

Droite sous son bonnet phrygien, l'œil vif, le jabot avantageux, elle écoute de l'une et l'autre oreille... Elle lève haut ses pattes raides comme ceux qui ont la goutte. Elle écarte les doigts et les pose avec précaution, sans bruit. On dirait qu'elle marche pieds nus. (12)

Et voilà une poule qui chante comme si elle finissait de marteler sur l'enclume, à coups brefs, son œuf pondu.

Poule sous la pluie. Leur étroit petit manteau noir ou gris tout collé, plaqué sur les eaux.

Quel vent ! Les poules roulent comme des ombrelles retournées. (2)

POULE D'EAU

Une poule d'eau s'envola comme un foulard au gré du vent. (7)

La poule d'eau plonge. On la voit la tête hors de l'eau, le cou comme pris dans un anneau glacé.

POULET

Le poulet sur ses allumettes.

Des petits poulets autour de leur mère, c'est joli à voir comme une branche chargée de fruits.

PRÉ

Un pré vert, humide, gras, profond, semble un paradis d'herbe.

Ce pré qui tire à lui toute la couverture verte.

Le vert des prés, un vert bilieux qui fait mal aux yeux et au cœur.

(*Pré*)

Le pré, tous les matins, prend la peine d'étendre,
Pour son monde invisible, un festin d'herbe tendre,
Pleine de la rosée, humide de la nuit,
Transparente, et du plus beau vert, l'herbe reluit. (25)

PRÉ fauché

Un pré rasé de frais.

Prés fauchés, encore verts, prés mangés, déjà jaunes.

Un pré fauché dans son milieu, aux « enfants d'Édouard ».

Les prés pleins d'eau, comme si toutes les veines de la terre s'étaient rompues.

PRÉNOM

Il laissera un prénom dans l'histoire du cœur.

Victor Hugo est si grand qu'on ne s'aperçoit même pas qu'il s'appelle ridiculement Victor. Comme vous et moi.

PRÉTENTION

Prétencieuse, chacun de ses mots est comme roulé dans la farine.

— Oh ! Maintenant, dit Rod, je n'ai plus de prétentions.
— Il ne vous reste que celle de ne plus en avoir.

Cette femme à qui sa fille dit, dans une loge, au théâtre :
— Maman, ne mets donc pas comme ça tes doigts dans ton nez !
— Oh ! dit-elle, je n'ai pas de prétentions !

PRÊTRE

J'imagine qu'un prêtre même ne peut avoir de pitié vraie que pour ceux qui lui confessent des péchés qu'il a faits ou qui l'ont tenté. (17)

Les prêtres vendent la peau de la Grande Ourse avant d'avoir le ciel.

L'air du prêtre dont le front est parfois labouré par Dieu Lui-même.

Sa soutane, luisante, ressemble un peu à une peau de serpent par endroits trop large.

PRIÈRE

Si celui qui se noie joint les mains pour prier, n'est-il pas perdu ? Qu'il nage donc toujours !

(*Prière*)

Chapelet. Tirer des petits seaux d'indulgences du puits entre ses jambes.

Elle ne prierait pas Dieu sottement comme une dévote inintelligente. Elle lui sourirait, lui ferait bon visage, avec l'air de dire : « Vous savez ? Si vous existez, tant mieux. Je le souhaite, mais vous ne me faites pas peur. Je vous aime sans trembler. »

PRINCIPES

S'il fallait accorder ses principes et sa vie, où irait-on ! L'on n'en finirait plus.

Se défier des principes qui rapportent beaucoup d'argent.

PRINTEMPS

Printemps. La fumée qui sort des toits est couleur de pervenche.

Printemps : les nuques des femmes éclosent déjà.

Les premières fleurs poussent sur les chapeaux.

Quelle belle journée ! Le printemps devait être de passage à Paris, incognito ; mais tout le monde l'a bien reconnu.

PRIVAUTÉ

Un mari voit un homme qui serre de près sa femme.
Le mari :
— Dis-lui donc de finir !
La femme :
— Ah ! Dis-lui, toi. Moi, je ne le connais pas, ce monsieur.

— Madame, pourrais-je vous accompagner chez vous ?
— Oui, si vous désirez faire connaissance avec mon mari.

— Ne vous occupez point de ce que fera ma main gauche. Elle soutiendra votre taille ; elle se distraira... par ses trouvailles de voyageuse. (15)

PROJET

Le projet est le brouillon de l'avenir. Parfois, il faut à l'avenir des centaines de brouillons.

J'ai bâti de si beaux châteaux que les ruines en suffiraient.

Mal nourris, tous mes projets sont morts de faim.

Je ne m'amuse qu'aux préparatifs d'un projet qui ne peut pas réussir.

(*Projet*)

Je n'admets pas que l'on contrarie mes projets, surtout quand j'ai la certitude de ne jamais les mettre à exécution.

PROLIXITÉ

Diderot. Oh ! tout ce vent pour nous apporter quelques graines et quelques fleurs !

Mendès. Il finira par écrire : « La poule foire. » Et, avec ces trois mots, il barbouillera d'abord une feuille, puis une rame, puis un volume de papier, et il lui restera encore à dire.

C'est tout de même un peu fort, de croire que l'abondance est une qualité.

Il a mal au pied.
— Dame ! A force d'écrire...

PROMENADE

Une promenade, c'est une lecture naturelle à deux. (7)

La promenade fait de la tête un panier à idées qu'on secoue.

Promenades. Le corps marche, et l'esprit voltige à l'entour comme un oiseau.

Dans la poussière des moutons, nous allions comme dans un nuage.

Sors, va ! Promène-toi ! Le beau temps perdu ne se retrouve jamais.

PROMESSE

Je promets rarement, mais
Quand je promets je ne tiens jamais.

Je ne promets jamais rien, parce que j'ai la mauvaise habitude de tenir mes promesses.

On n'est plein que de promesses déjà tenues. Il ne faut pas compter sur des choses nouvelles.

PROPRETÉ

Le parquet était si bien ciré qu'elle releva sa robe comme si elle eût voulu passer une flaque d'eau, pour ne pas se mouiller les pieds.

Dès son entrée, il donnait un coup de canne sec sur la tapisserie d'un fauteuil pour voir si les gens étaient propres et si la poussière n'allait pas s'envoler.

(*Propreté*)

Il était si sale que, quand un chien le léchait, on pouvait penser que c'était pour le nettoyer.

PROSE

La prose doit être un vers qui ne va pas à la ligne.

Il faut bien laisser refroidir sa prose, comme une crème avant d'y goûter.

La prose est le langage du bonheur. Depuis que nous sommes mariés, chérie, je n'ai pas écrit un seul vers, hélas !

PROSTITUTION

Pourquoi vous obstinez-vous à vouloir vivre à Paris, chère mademoiselle ? Vous feriez si bien dans un bordel de province !

— Et votre petite fille va bien, madame ?
— Oui, monsieur. Merci.
— Et vous la destinez toujours à la prostitution ?

PUCE

Puce : grain de tabac à ressort. (12)

J'organiserais des courses de puces qu'on suivrait au moyen d'un télescope. (26)

PRUDENCE

Prudence n'est que l'euphémisme de peur.

La prudence n'est qu'une qualité : il ne faut pas en faire une vertu.

Avec de la prudence, on peut faire toute espèce d'imprudences.

R

RAISON

La raison : l'ordre dans les pensées choisies.

Que le troupeau de nos idées file droit devant cette grave bergère, la Raison ! Effaçons les mauvais vers de l'humanité.

La raison du plus raisonnable est toujours la meilleure.

La raison qui permet à l'homme, né méchant, de faire des actes de bonté.

Barrès est un homme qui joue de la raison, comme d'autres de la flûte.

Tel dit : « Moi, je ne connais que la raison », qui a beaucoup de peine à ne pas être un imbécile.

RAISON (Avoir)

Je veux toujours avoir raison, mais une raison, même la meilleure, ne me suffit pas : il me les faut toutes.

De Gourmont a la peur orgueilleuse d'avoir raison avec un tas d'imbéciles.

Pour prouver qu'un puits est dangereux, il se jetterait dedans.

RAT

Les rats sifflent du coin de la bouche.

Un rat filait comme une boule noire lancée d'un coin à l'autre. (5)

RÉCEPTION

Il ne faut pas trop bien recevoir les visites : on aurait l'air de s'ennuyer.

Vous êtes ici comme chez vous, mais n'oubliez pas que j'y suis chez moi.

(*Réception*)

Allais, un homme qui s'excuserait de venir dîner sans sa femme en disant tout haut : « Elle a mal aux parties génitales. »

Elle se faisait quotidiennement servir le thé dans un cercle de figures de cire.

REGARD

Des regards comme des éclairs de chaleur.

Nos regards se rencontrent par-dessous nos nez.

Avoir l'œil désintéressé du lynx.

Le regard recourbé pour que le détail s'y accroche.

Il aurait fait avec sa tête le tour de son cou pour éviter son regard.

Sarah Bernhardt. De son regard, elle soulève un monde. C'est une image qui fait des gestes et qui a des yeux vivants.

Rachilde : deux lieues de sourcils bordent les yeux. Penchez-vous avec prudence pour voir, à travers les roseaux des cils, couler tout au fond le regard. (26)

RELATION

Comiques, nos relations ! Nous échangeons des lettres adorables, deux ou trois par an, et, quand nous nous voyons, nous avons envie de nous donner des claques.

— Tu achèves de brouiller un ménage d'amis, pour avoir deux relations au lieu d'une. (31)

RELIGION

Toutes les religions se ressemblent par la quête.

Il n'y a rien de plus bassement pratique que la religion.

La religion ne devrait être, pour les pauvres, que de la gaieté.

Un croyant crée Dieu à son image ; s'il est laid, son Dieu est laid, moralement. Pourquoi la laideur morale serait-elle respectable ? La religion d'un sot ne le met pas à l'abri de notre dédain, de notre raillerie.

RELIURE

Ils vous complimentent d'un livre en disant : « Il est à la reliure. »

— Tout un rayon, capitonné de soie et réservé à vos œuvres futures, richement reliées. ...

(*Reliure*)

— En peau de chagrin d'amour, avec des fers spéciaux, ceux que vous m'avez mis au cœur. (11)

Un relieur qui se donnait beaucoup de mal pour effacer les dédicaces des livres. Il les considérait comme des taches.

REMORDS

Les remords qui passent dans leur petit costume de gendarmes.

Le remords qui relève notre âme en brosse.

J'ai quelques remords, mais assez d'adresse pour me blâmer d'en avoir et les atténuer. Aucun, à franchement parler, ne m'est insupportable.

RENCONTRE

Comme on se rencontre ! Oui, on se rencontre, cornes en avant, comme les deux chèvres de La Fontaine sur leur étroite planche.

Quand on lui présente quelqu'un, Maeterlinck a soudain un agrandissement d'yeux et un balancement du corps qui sans doute signifient : « Ah ! chouette ! ».

— Quelque lièvre qui l'aura retardé.
— Ou un lapin qu'il vous pose. (1)

RÉSIGNATION

Y être de ma résignation comme d'une seconde peau, tannée.

Une résignation à ressorts.

Rostand. L'homme qui s'abandonne au torrent et qui donne des poignées de main sur la rive.

RÉSOLUTION

Comme un homme qui a pris une bonne résolution, et qui se repose avant de l'exécuter.

Toutes ses résolutions intérieures tomberaient comme des bonshommes de neige trop ensoleillés.

Une fois ma résolution bien prise, je reste encore indécis.

RESSEMBLANCE

Et ce sont les ressemblances avec les bêtes. Sarah est sûre de ressembler à l'antilope, Rostand à un rongeur, sa femme à un mouton, Maurice à un limier, sa femme à une chouette. Moi, on ne sait pas. J'ai peut-être trop de front pour un animal.

(*Ressemblance*)

Nous sommes bien différents, mais nos chiens se ressemblent par miracle.

Est-ce que le fils de Verlaine ressemble à Rimbaud ?

RÉUSSITE

Il y a des moments où tout réussit. Il ne faut pas s'effrayer : ça passe.

Ah ! Quand un homme a réussi, et qu'il est bête, c'est une insulte aux étoiles.

C'est étonnant, cette manie des gens qui ont réussi à Paris de conseiller aux autres de rester en province !

Il y a place au soleil pour tout le monde, mais ce n'est pas la place de la Concorde.

Il a une belle situation, où il peut faire attendre les gens.

RÉUSSITE (Ma)

Ma place au soleil : ce rayon est à moi.

Patience ! L'eau de mon petit ruisseau arrivera à la mer.

Je monte, je m'élève, mais j'éprouve chaque échelon.

RÊVE

Le rêve, c'est le luxe de la pensée.

Le rêve, ce n'est que de la vie éperdument dilatée.

Rêve. Quand la raison va faire un tour, les fous dansent dans le cerveau.

Tout lasse, sauf le rêve, qui est la vie immatérielle.

Le rêve ne produit pas ni ne chauffe. C'est quelque chose de mort, qui va, sans liberté, dans l'espace, comme la lune.

Il ne faut pas craindre de laisser notre esprit paître un peu, chaque jour, des herbes narcotiques, dans les champs illimités du rêve.

Qui sait si chaque événement ne réalise pas un rêve qu'on a fait, qu'à fait un autre, dont on ne se souvient plus, ou qu'on n'a pas connu ?

Pourquoi se déplacer ? D'une certaine hauteur de rêve, on voit tout.

Le rêve avec des soins subtils,
Comme un ver au creux d'une prune,
A fait son gîte dans la lune. (22)

RÊVES

Singulier monde, que celui du rêve ! Les pensées, les paroles intérieures en dedans, se pressent, fourmillent. Tout ce petit monde se hâte de vivre avant le réveil, qui est sa fin, sa mort à lui.

Rêves rapides comme un pigeon qui passe devant une fenêtre.

Pour avoir des rêves légers, endors-toi les yeux pleins de lune.

En un instant, l'esprit parcourt d'immenses pays de rêves, cependant que les yeux passent sur la réalité comme des tortues.

Avoir dans une cabane des rêves d'enfant.

— Oh ! madame, j'ai eu dans mon cœur, cette nuit-là, un des plus beaux clairs de lune de ma vie.

Des cauchemars où il semble qu'on repasse, sans ordre, tous les rêves de sa vie.

RÊVES et réveil

Les poèmes de nos rêves dont la raison fait, au réveil, ce que le soleil fait de la rosée.

Nuits sans sommeil, longues nuits où le cerveau s'illumine comme une grande ville. Et quel beau défilé de rêves qu'on croit vivants ! Venu le matin, ils ne sont plus. Balayeur impitoyable, le réveil a tout poussé à l'égout.

Au réveil d'un doux rêve, on voudrait se rendormir pour le continuer ; mais vainement on s'efforce d'en ressaisir les vagues traces, comme les plis de la robe d'une femme aimée disparaissant derrière une portière qu'on ne pourrait soulever.

Le réveil déchire brusquement la toile fine de nos rêves.

RÊVES (Mes)

J'ai déjà suivi le convoi d'un grand nombre de mes rêves.

J'ai au cœur comme le reflet d'un beau rêve dont je ne me souviens plus.

Ce matin, je me réveille dans une gratitude légère, frissonnant comme un arbre qui a passé la nuit tout inondé de lune.

RÊVERIE

La rêverie n'est qu'une pensée qui ne pense à rien.

La rêverie est le clair de lune de la pensée.

La rêverie : le lierre de la pensée, qu'il étouffe.

Rêverie : la pensée qui se nourrit de rien.

(*Rêverie*)

Comme un filet d'eau alourdie par le sable, sa rêvasserie, faute de pente, s'arrête, forme flaque et croupit. (23)

Rêveur comme un chat qui regarde au plafond le rais lumineux d'une lampe.

Ma rêverie, c'est mon engrais.

RÉVOLTE

Donnez la raison au loup, mais ne lui laissez pas la faim.

Tous ces gens-là disent : « Je suis un révolté, moi », avec un petit air de vieillard qui vient de faire pipi sans trop souffrir.

Mettre, par l'absurde, l'anarchiste au pied du mur.

RICHE

Il n'est pas nécessaire de mépriser le riche : il suffit de ne pas l'envier.

Un monsieur très bien, propriétaire d'un palmier en Tunisie.

Une opulence de gens qui peuvent agrandir les quatre murs d'une chambre pour y mettre un jardin.

Vénérables têtes de réactionnaires qui n'ont plus que l'orgueil d'être les plus riches.

Elle doit avoir un bas de laine tout plein, raide comme une jambe de bois.

— Quand je serai riche, dit un enfant qui ne mange pas à sa faim, je m'achèterai un sandwich.

RICHE et pauvre

La vie est mal faite. Les pauvres, ignorants, devraient être riches, et, l'homme intelligent, pauvre.

Digne et froid comme un riche médiocre auquel un pauvre demande un sou.

J'aurai peut-être eu l'air de vivre en riche : tant pis pour moi si vous le croyez ; mais j'aurai parlé contre les riches et pour les pauvres ; j'aurai rendu service à la pauvreté, et c'est là l'essentiel.

RIDE

Son visage ridé et pâle comme du linge blanc qui se déplie un peu.

Elle a des rides toutes prêtes. Au moindre froncement, elles se forment.

(*Ride*)

Honorine. Après sa mort, comme la terre entrera bien dans ses rides !

RIDICULE

Cherchez le ridicule en tout, vous le trouverez.

Ridicule comme quelqu'un qui, de joie, lève une jambe et tombe sur son derrière.

Elle avait une peur ridicule du ridicule.

Le ridicule de ce que je fais ne me frappe que longtemps après. Je n'observe pas en même temps que je vis. Je ne reviens qu'ensuite sur chaque détail de ma vie.

RIRE

Le rire est inattaquable puisqu'il rit de lui-même, mais il meurt tout seul au milieu des figures graves et pensives.

Que le rire soit, non pas frivole, mais sérieux et intérieur, et d'une philosophie consciente.

Nous sommes ici-bas pour rire.
Nous ne le pourrons plus au purgatoire ou en enfer.
Et, au paradis, ce ne serait pas convenable.

A un plaisant :
— Je vous demande pardon, monsieur, mais je me suis juré de ne plus jamais rire sans en avoir envie.

RIRE beaucoup

Elle a ri, elle a ri ! Il n'y avait pas moyen de la consoler.

La cascade de son rire sous les vannes de ses dents.

Quand il se met à rire, c'est pour si longtemps, qu'on pourrait, à chaque fois compter toutes ses dents une à une, et faire la preuve. (11)

RIRES (Formes de)

Un rire triste comme un clown en habit noir.

Rire à chaudes larmes, pleurer à se tordre.

— Oh ! ce rire musical ! Cette alouette qui part de votre bouche ! (19)

— Oui, tu ris comme un chien qui a le nez pris dans une porte. (2)

(Rires (Formes de))

— Vous dites ça en riant !
— Je le dis en riant parce que c'est très sérieux.

RIRE (Mon)

Je m'exerce à rire, chaque matin, une bonne heure, afin de mériter le beau-nom d'auteur gai qu'on a bien voúlu me donner.

Si jamais une femme me fait mourir, ce sera de rire.

RIRE des autres

Le rire de Molière, une sorte de rire composé, travaillé, un rire à tiroirs, et qui fait sortir de nos bouches des sons faux, de vilains éclats.

Et Allais ne rit que du coin de la bouche, ou il se met la main sur les lèvres, pour cacher l'âge de ses dents.

Rodenbach. Triste rire cassé comme celui d'un visage dans une eau où l'on a jeté des pierres.

Verlaine. Il rit d'un rire court, une flamme vive qui s'éteint tout de suite.

Verlaine. Oh ! ce rire du nez, un nez précis comme une trompe d'éléphant, des sourcils et du front !

RIVIÈRE

Rivière. L'eau qui n'est jamais la même et qui a toujours la même apparence.

La rivière ronronne comme un chat flatté.

La rivière. Reliée par un fil à la vie des poissons qu'on ne voit pas.

La rivière qui va contre tous les vents.

La rivière fume de froid.

Sous les hêtres la cascade tombe en gémissant, comme une femme qui se cache la figure.

ROMAN et nouvelle

Roman taillé en pleine chair vive.

J'ai une idée de roman en forme de hérisson, car je n'ose pas y toucher.

La formule nouvelle du nouveau roman, c'est de ne pas faire de roman.

La nouvelle est la poignée de main banale de l'homme de lettres

(*Roman et nouvelle*)

aux créatures de son esprit. Elle s'oublie comme une relation d'omnibus. (11)

ROSE

Les roses ont le sang à la tête.

Des roses comme des nœuds de foulard blanc.

Les papillons que le vent fait avec les roses.

Une rose sauvage, une pauvre rose qui n'a qu'une robe mince, et pas de dessous.

La rose a la couleur de la pudeur mais elle a aussi celle du mensonge.

Une rose, qui a trop chaud, se dévêt de ses feuilles, une à une.

La rose.
— Me trouves-tu belle ?
Le frelon.
— Il faudrait voir les dessous. (12)

ROSEAU

Les roseaux se baissent et se redressent comme les archets d'un orchestre, avec moins de bruit.

La rivière. Les roseaux, baïonnettes de régiments noyés. Bords spongieux où le soleil s'emplit d'eau. Trois lignes en éventail.

ROSÉE et brouillard

La rosée, belle barbe blanche de la terre.

Dans l'arbre, la rosée pleut de feuille en feuille.

— Quelle punition qu'on donne au brouillard, quand il se dissipe ? (2)

ROSIER

Tout au haut du rosier s'épanouit une rose au teint de candide fillette ! Ses parfums qu'elle prodigue la grisent. Elle ne se défie de personne. Elle laisse monter par sa tige la première chenille venue. Elle l'accueille comme un cadeau. (12)

J'ai vu le bonheur, hier. C'était après une journée de chaleur brûlante, une corbeille de rosiers qui recevaient le jet continu d'une pomme d'arrosoir ! « Oui oui ! C'est bon ! » disaient-ils de toutes leurs feuilles.

(*Rosier*)

Ce n'est point parce qu'il y a une rose sur le rosier que l'oiseau s'y pose : c'est parce qu'il y a des pucerons.

ROSSERIE

La rosserie n'enrichit pas : on y est toujours de sa poche à fiel. (11)

Je vois la vie en rosse.

ROUGIR

La rougeur, l'aurore des larmes qui vont tomber.

Une rougeur s'épandit sur sa joue comme du vin dans un verre d'eau.

Quand vous rougissez, vous êtes jolie et mélancolique à voir comme un feu de bois.

Cramoisi comme l'envers d'une douve ancienne. (30)

Jeune fille. Une rougeur s'étale sur sa joue comme la buée sur un vase d'eau fraîche.

Lemaître. Il écoute, et répond l'œil en dedans, et de continuelles rougeurs lui viennent à fleur de peau. Son visage est une tulipe intermittente.

ROUTES

Routes lisibles comme sur une carte.

Des routes pour bœufs qui ne courent jamais.

La route passe sur le pont comme une bretelle sur une épaule.

Un sentier tourne autour de la butte comme une jarretière au-dessus du genou.

RUE

On voulut donner à une rue le nom de cet enfant du village, mais à quelle rue ? A vrai dire, il n'y en avait pas. On songea à débaptiser le village.

Quand deux maisons ne se touchent pas, ça fait une rue.

Une fenêtre sur la rue vaut un théâtre.

RUISSEAU

Le petit ruisseau qui écume à toutes les pierres.

Un ruisseau, tout essoufflé d'avoir sauté des cailloux. (5)

(*Ruisseau*)

Et le ruisseau murmure sans cesse entre les cailloux qui voudraient l'empêcher de courir.

Le ruisseau passe entre ces vertes demeures comme une rue dans un village.

Un ruisseau filait sous des treillis de joncs ; des rigoles claires y couraient, étroites lanières d'argent où tout un vol onduleux de pigeons s'émiettait au passage. (9)

Au bassin où s'endort la marche de ses eaux,
La rivière calmée écoute les ruisseaux :
L'un, coureur, a beaucoup appris sur son passage,
Les vieux arbres du mont l'ont chargé de feuillage. (25)

S

SABOTS

Les sabots caressent du nez la brique rouge. (28)

Des sabots qui patientent à la porte.

Honorine. Elle laissera ses sabots à la porte du Paradis.

SAGESSE

Le sage est un homme qui a une belle barbe et qui la soigne.

Il faut aller à la sagesse par le plus court, par des chemins de traverse.

Si tu ne peux être un homme de génie, sois un sage. Ce n'est d'ailleurs pas plus commode.

Sage, sage, il n'y a personne de sage, que les petits enfants à qui l'on promet des joujoux.

SALUT

Le salut de l'homme auquel on ne répond pas, et qui en profite pour se gratter le crâne.

Rien ne nous requinque plus que le salut de l'inconnu sur la route.

Comme ces gens qui nous saluent de bas en haut tout le long de notre personne.

Fréquemment, il portait la main à son chapeau comme pour saluer, et pour me faire croire qu'il connaissait des tas de gens.

Philippe. Même nu-tête, il ôte sa casquette pour dire bonjour.

De Jaluzot, qui salue beaucoup, ils disent que sa tête ne moisit pas sous son chapeau.

SANGLIER

Sangliers, puces de la forêt.

Tirer sur un sanglier et ne lui tuer que les poux.

SANTÉ

La meilleure santé, c'est de ne pas sentir sa santé.

Georges Hugo, plein de santé, qui se porte comme un alexandrin de son grand-père.

Honorine. La mort semble dire : « Elle n'a jamais été malade. Ça ne m'est pas facile, de l'avoir. Je ne sais par quel bout la prendre ! »

On s'habitue à n'être jamais malade.

SANTÉ des autres

C'est effrayant comme on a de la peine, quand on est en bonne santé, à s'intéresser au mal des autres !

Il faut avoir l'air de s'intéresser à la santé d'une personne qui se porte bien, quand on serait à peine touché par la nouvelle de sa mort.

— Votre santé est bonne ?
— Je ne sais pas. Attendez ! J'ai mon thermomètre sous le bras : nous allons voir ça.

SAPIN

Des sapins qui grimpent comme une armée.

Sapins mélancoliques, qui, deux par deux, grimpent le poteau.

Dans le bois, les sapins font bande à part, comme des prêtres.

Pins hérissés comme des épingles sur la pelote.

SAULE

Saules. Des troncs d'arbres sans branches sortent de terre comme des poings.

Le saule aux cheveux secs est tout ébouriffé.

La blancheur d'un saule retroussé par le vent.

Un saule coiffé comme Alphonse Daudet.

SAUTERELLE

Les sauterelles à tête d'âne.

La sauterelle en forme de G.

(*Sauterelle*)

Serait-ce le gendarme des insectes ? (12)

Elle a des bottes de sept lieues, un cou de taureau, le front génial, le ventre d'une carène, des ailes de celluloïd, des cornes diaboliques, et un grand sabre au derrière (12)

Comme on peut avoir les vertus d'un gendarme sans les vices, il faut bien le dire, la sauterelle chique : par ses mandibules elle sécrète une mousse noire comme du jus de tabac. (12)

SAUTERELLE (Vol de)

Dans le pré fraîchement vert, les sauterelles détendaient leurs échasses. (5)

Et les sauterelles qu'on décapite, et qui, sans perdre la tête pour si peu, d'un coup d'ailes s'envolent par la fenêtre.

Pour passer la rosée, et sauter les limaces, la sauterelle va sauter sur ses échasses. (25)

SAVANT

Un savant, c'est un homme qui est à peu près certain.

M. Ledrain. Type du vieux savant, aux cheveux rares, à la peau racornie, aux ongles noirs, au parler moelleux. Des lunettes, un chien, un petit judas.

SAVOIR

Savoir qu'on ne peut pas savoir ce qui est en dehors de la connaissance, quelle conquête de l'esprit ! (7)

Un pédant est un homme qui digère mal intellectuellement.

Quand un homme ne parle que de ce qu'il sait, il a toujours l'air plus savant que nous.

Dans son puits de science, il n'avait pas d'eau fraîche.

Juste assez d'instruction pour faire une bonne illettrée dans trois ou quatre ans, dès qu'elle aura oublié ce qu'elle sait, c'est-à-dire presque rien.

Que de gens, dont il faut dire, après un quart de paroles : « Encore un qui sait tout ! » et qu'il faut fuir.

Je me moque de savoir beaucoup de choses : je veux savoir les choses que j'aime.

SCRUPULE

Scrupules, vermine de la volonté.

Scrupule. Poids léger qui suffit à faire pencher une balance.

Le scrupule, une maladie comme la paresse.

Qui n'a point la maladie du scrupule ne doit même pas songer à être honnête.

SCULPTURE de Rodin

Chez Rodin, une révélation, un enchantement, cette « Porte de l'Enfer », cette petite chose, grande comme la main, qui s'appelle « l'Éternelle Idole » : un homme, les mains derrière le dos, vaincu, embrasse une femme au-dessous des seins, lui colle ses lèvres sur la peau, et la femme a l'air tout triste... Puis des enlacements de corps, des nouements de bras, et « Le Péché originel », la femme cramponnant Adam, le tirant à elle par tout son être, et le Satyre étripant une femme entre ses bras, une de ses mains entre ses cuisses, ces oppositions de mollets d'homme et de jambes de femme. Seigneur, faites que j'aie la force d'admirer toutes ces choses !

Au salon. Seule la statue de Balzac par Rodin me tire l'œil. Ces yeux creux; cette tête grimaçante, ce front étroit, cet homme empêtré dans sa robe de chambre, c'est quelque chose. D'instinct, un ignorant la regarderait.

Dans le Balzac, il y a de l'admiration pour son œuvre, de la colère de sculpteur contre la terre qu'il pétrit, et un défi aux hommes. Il y a des seins qui fondent dans la main de l'amant.

Un « Victor Hugo » dont la tête grossie par notre culte écrase un corps que nous ignorons.

Les « Amants » tournent l'un sur l'autre et semblent dire : « Comment nous prendre pour nous aimer comme personne ne s'est aimé avant nous ? »

SECRET

Secret professionnel, et ils n'ont même pas de profession !

Elle laisserait échapper un secret qu'elle n'a pas.

Si je lui confie un secret, tout de suite, elle a dans la langue un poisson frémissant.

SECTARISME

Je suis un sectaire, je l'avoue, et je ne respecte pas ce que je trouve idiot.

Tolérez mon intolérance.

SEIN

Pas de poitrine : des seins écartés et en forme de poires à poudre.

Elle cultive, soigneusement, à distance égale de ses seins, trois poils énormes. (6)

Cette femme montre ses seins et croit qu'elle offre son cœur.

Les seins que je vous vois n'empliront point ma bouche.

SEINS opulents

Et quels seins ! Je veillerais des nuits entières à la lumière de ces globes-là.

Des seins de femmes assez pour monter une laiterie. (4)

D'énormes femmes qui se sont fait souffler dans les seins avant que de venir et, peu à peu, ils fuient et se dégonflent.

SENSIBILITÉ

Les gens qui se disent blasés n'ont jamais rien éprouvé ; la sensibilité ne s'use pas.

Si nous entretenions le petit train-train de notre sensibilité, la vie n'aurait pas de trous.

SENSIBILITÉ (Ma)

Chaque jour, je rentre ma sensibilité comme un troupeau de moutons.

J'ai la sensibilité d'une lyre, et le vent suffit à me faire vibrer.

On dit que la sensibilité s'use. La mienne est plus que jamais à vif. Et puis, on ne naît pas avec une sensibilité toute faite. On la fait. On lui donne une perfection extraordinaire.

SENTIMENTALITÉ

Il fut toujours sentimental : la petite fleur bleue avait en lui des racines de chêne. Les plus fortes tempêtes ont passé sur elle sans l'arracher. Elle se refermait un peu pour se rouvrir tout de suite, le temps calmé.

Je n'oublie rien, et mes impressions me reviennent toujours. Je suis un sentimental qui rumine.

(*Sentimentalité*)

— Comme vous êtes poétique, tante Blanche !

— Je l'avoue. C'est ce que mon mari appelait « faire la dinde ». (1)

SENTIMENTS (Mes)

J'ai en moi une nichée de sentiments mauvais qu'il faut écraser.

Dans mon cœur froid, quelques rares jolis sentiments, comme des oiseaux aux petites pattes sur de la neige.

SERPENT

Le serpent : la dix-millionième partie du quart méridien terrestre. (12)

Un beau serpent, vert, jaune et blanc, file entre les joncs sur l'eau. C'est une fine caresse sur le ruisseau. Je lui coupe la tête. Pourquoi ? Pourquoi ? C'était une parure du pré, son amusement, son orgueil peut-être.

Si l'homme avait le pouvoir de compléter la nature, au serpent il ajouterait des épines.

SERPENTS

Le boa, un gros serpent qui sert à attacher aux arbres les gazelles.

Petite couleuvre qui, délicatement posée sur l'eau, donnait, au soleil, de fins coups de langue bifurquée.

Lézard : Fils spontané de la terre fendue. (12)

Quand la vipère se fâche, sa peau devient toute rouge.

SERRURE

Comme le bruit subit d'une clé dans une serrure que personne ne touche.

Un verrou pousse une plainte de gorge malade... Un cri de gorge étouffée. (31)

SERVICE (Rendre)

Il y a certains services qu'on a l'air de vous demander et qu'il faut bien se garder de rendre.

Soyez tranquille ! Je n'oublierai jamais le service que je vous ai rendu.

Il est insupportable. Il a la rage de rendre service aux autres.

(*Service (Rendre)*)

Il savait l'art de rendre service...
Pour service. (31)

Je me mets en quatre pour éviter de rendre service.

SERVITUDE

Respirer une bonne bouffée de servitude et de respect.

Un domestique tient à son titre et ne nous sait aucun gré de ne pas le traiter comme tel.

— Jamais un reproche ! C'est assommant, à la fin ! dit le domestique.

SIGNATURE

Une signature élégante comme la mèche de fouet d'un cocher de grande maison.

Une signature tremblée qui a peur de dire son nom.

Une homme simple, un homme ayant le courage d'avoir une signature lisible.

On lui avait dit qu'une écriture montante était un signe d'avenir, et il signait de la cave au grenier.

SILENCE

Le silence vous importune plus qu'un bavard. (11)

Un rêve de linotte troublerait le silence. (31)

Ils engageaient entre eux une véritable partie de silence. (5)

Un monsieur qui veut, par ses silences, qu'on en pense long pour lui.

Nos voix, comme des rats peureux, restent dans leurs cachettes de silence (2)

SINCÉRITÉ

Je ne suis pas sincère, et je ne le suis pas même au moment où je dis que je ne le suis pas.

Barrès retient trop. Sa sincérité continue fera péter sa peau. Il mourra d'une conviction rentrée, étouffera de civilisation comme d'autres d'un manque d'air. Barrès, mon ami, déboutonnez-vous : vous sentez le concentré. On étouffe chez vous. Aérez !

SINGE

Le singe : un homme qui n'a pas réussi.

Les singes ont tout déchiré leur fond de culotte ! (12)

Des singes se poussent du coude quand nos laideurs passent.

Au jardin d'Acclimatation, des jeunes filles font effort pour ne regarder, des singes, que leurs grimaces, mais il faut bien voir le derrière rouge et la petite carotte fleurie. Il y en a un qui soupèse délicatement celle de son frère.

Dimanche, au jardin d'Acclimatation, grande matinée populaire, pour toute la troupe des singes. (14)

SOCIALISME

Socialisme : envie épurée.

Il faut que le socialisme descende du cerveau jusqu'au cœur.

Ah ! oui, être socialiste et gagner beaucoup d'argent.

Aux socialistes : « Partageons ! Mais partageons aussi la loyauté, la politesse, et l'esprit. »

Socialiste, il n'en coûte rien de l'être par raison, mais le sentiment ruine. Le socialiste par raison peut avoir tous les défauts du riche, le socialiste par sentiment doit avoir toutes les vertus du pauvre.

SOIR

Une soirée d'une douceur !... A qui pourrais-je bien demander pardon ?

Puis, l'heure rose, l'heure tendre, l'heure divine arrive. C'est une surprise que Dieu nous fait chaque soir. Il faudrait se coucher dans tous ces prés, boire à toutes ces fraîcheurs, vivre là, là, mourir partout.

SOLDAT

Un frère soldat ramène des manœuvres une colique qui n'est pas dans une musette. (28)

Ce réserviste a relevé les pans de sa capote pour la patriotique besogne. C'est ce qu'il trouve de martial.

Une jeune femme :

— C'est joli, tout de même, des soldats en tenue de campagne. Et puis, la musique les aide à avaler la poussière.

— Oh ! moi, quand j'étais soldat, j'ai tué un adjudant, et jamais personne ne s'en est aperçu.

SOLEIL

Le soleil pareil à un balancier immobilisé.

Soleil comme un œil abruti d'éther.

Rayons de soleil : toutes les aiguilles du temps.

Des oiseaux de soleil se sont posés à terre et se cachent ou se déplacent selon l'agitation des feuilles.

SOLEIL pâle

Le soleil s'est levé ; en s'y reprenant, il a bu le bain de vapeur de la lune.

Le soleil, las de monter sans bouger de place, fondait lentement la neige, comme des lèvres de convalescent un peu de sucre. (5)

Le soleil ne s'est pas levé aujourd'hui. Il a sucé un peu de neige et s'est recouché, bien affaibli.

Enfin, un petit soleil blanc se montra. Il s'élargit comme un derrière qui s'ouvre, et toute la brume enlevée comme une chemise, le village apparut.

SOLEIL (Rayons de)

Regarder un rayon de soleil dans une chambre obscure. C'est plein de poussière. Il n'y a rien de plus sale qu'un rayon de soleil.

Ce que les rayons du soleil ont fait dans la journée. L'un d'eux : — J'ai gratté le bout du nez d'un petit lapin blanc.

L'ombre du soleil de midi grande comme un petit chien à nos pieds.

Le soleil, si éclatant qu'on ne le voit pas.

Frileux comme un lézard, un rayon de soleil se chauffe sur le mur.

SOLEIL et nuages

Le soleil est doux comme une haleine tiède. Il achève un nuage, dont il déjeune.

Le soleil tricote des nuages roses avec ses rayons.

Soleil d'un rouge terne, dont les rayons se brisaient en gerbe sur un nuage pendu à l'horizon comme un haillon éclatant. (9)

Le soleil réunit ses rayons en un riche balai et chasse, de droite et de gauche, les nuages qui se reforment en bougonnant.

Les rayons du soleil traversent les nuages comme des aiguilles piquées dans de la laine.

(*Soleil et nuages*)

Le soleil, déformé par les nuages, est tombé dans les bois comme une masse en fusion. Elle n'en finissait plus de s'éteindre. Elle mettait le feu à tout le bois, et les nuages brûlaient, immobiles.

SOLEIL à l'horizon

Le soleil diminue au fil de l'horizon comme un nœud qui se serre.

Le soleil cède et recule à l'horizon. Tout là-bas, une ferme comme incendiée ; l'eau de l'ombre va éteindre le feu.

Là-bas, à l'horizon, le soleil roulait comme une roue de char perdue, dans l'eau sanglante.

Du soleil coupé par la mer, il ne reste qu'une calotte de cardinal, puis qu'une rognure d'ongle rose.

SOLEIL COUCHANT

Le soleil descend comme un seau rouge dans un puits. (5)

Le soleil n'est pas encore couché, et la lune se lève, pour voir ce fameux soleil dont on parle tant.

Le soleil se couche là-bas, comme un beau faisan doré, dans les branches.

Le soleil couchant est rose comme l'intérieur d'une coquille.

La queue du soleil couché qui s'étend rosée et pourpre sur tout l'horizon comme un voile déplié où se pose l'arc de la lune.

C'est un devoir d'assister au petit coucher du soleil. Le courtisan Molière n'avait que celui du roi-soleil.

SOLITUDE

Enfin seul, sans « s ».

Si vous saviez comme je me sens bon quand je suis tout seul, comme j'ai toujours de bonnes relations avec moi.

Il lui arrive de se croire si seule au monde qu'elle se mouche dans ses doigts.

Il y a des endroits et des heures où l'on est tellement seul qu'on voit le monde entier.

Seul à Paris, je suis comme un veuf qui aurait l'avantage de croire à la résurrection.

Telle pierre tombale est le pavé de toute une famille d'ours.

SOMMEIL

Le sommeil est la halle aux souvenirs. Il favorise leur retour. Il est leur lieu de rendez-vous.

Des sommeils épais qui sont comme des échantillons de mort.

Sommeil haché menu en petits réveils.

Sommeil. Une fée joue au jeu de tonneau avec les bouches ouvertes.

A tes cils pendent des gouttes de sommeil.

SOUPE

Soupe. C'est l'heure où, sur leurs trois pieds, toutes les marmites se rapprochent de la cheminée pour se pendre à la crémaillère.

Une soupe qui se croit aux haricots parce qu'il y en a un dedans, du beurre rance.

Voilà un bouillon qui n'a pas froid aux yeux.

SOURCE

La source se cachait comme si elle avait pleuré pour de bon, de vraies larmes.

Une source fait un pipi presque indécent. Ça n'est qu'à la longue que ça devient un bruit de la nature.

SOURCILS

Dès que les sourcils poussent, les soucis viennent.

Fade comme un visage sans sourcils.

Schwob. Il y a des arches sourcilières.

SOURD

Le sourd-muet grognait par gestes.

Il aimait à dire des choses désagréables. Comme il était sourd, il croyait peut-être qu'on n'entendait pas.

Philippe sourd par accumulation.

SOURIRE

Le sourire est le commencement de la grimace.

Le sourire arc-en-ciel des larmes.

Ne plus sourire que d'une lèvre.

Des sourires qui sont comme de vilains éclairs de ciels très chargés.

(*Sourire*)

Rebell dont les lèvres s'appliquent à rendre le sourire de la Joconde.
Vinci, dit-on, y travailla quatre ans, Rebell y travaille toute sa vie.

SOUVENIR

Le vrai bonheur serait de se souvenir du présent.

Il se pressa les tempes de ses doigts comme pour leur faire jaillir le souvenir hors du front. (5)

Les souvenirs, ce soir, ont pris pour tambourin mon cerveau.

STATUE

Un buste, qui a cette originalité qu'on ne sait pas qui c'est.

Faites à ma statue un petit trou sur la tête, afin que les oiseaux y viennent boire.

Je vois très bien mon buste sur la place de l'ancien cimetière avec cette inscription :
A Jules Renard
« Ses compatriotes indifférents. »

STYLE (Qualités du)

Le style, c'est l'oubli de tous les styles.

On devrait écrire comme on respire. Un souffle harmonieux, avec ses lenteurs et ses rythmes précipités, toujours naturel, voilà le symbole du beau style.

Avoir un style exact, précis, en relief, essentiel, qui réveillerait un mort.

Selon qu'il est ici ou là, un adjectif supprime un défaut ou une qualité. L'adjectif est l'homme même.

Le style, c'est ce qui fait dire au directeur, d'un auteur : « Oh ! C'est bien de lui, ça ! »

STYLE (Défauts de)

Les feuilles mortes du style.

Il ne peut y avoir, d'un côté, la forme, de l'autre, le fond. Un mauvais style, c'est une pensée imparfaite.

Style. Les grosses syllabes lourdes qui assourdissent et empêchent d'entendre la phrase.

Style. Quand « améthyste » arrive, « topaze » n'est pas loin derrière.

STYLE (Variétés de)

Le style vertical, diamanté, sans bavures.

Style sillonné d'éclairs.

Style pur comme l'eau est claire, à force de travail, à force de s'user, pour ainsi dire, sur les cailloux.

Un style gros et glissant comme le pavé de Paris par un temps brumeux.

Style trop serré. Le lecteur suffoque.

La langue a ses floraisons et ses hivers. Il y a des styles nus comme des squelettes d'arbres, puis arrive le style fleuri de l'école du feuillage, du touffu, du broussailleux. Puis, il faut les émonder.

STYLE (Mon)

Je veux me faire un style clair aux yeux comme une matinée de printemps.

Mon style plein de tours de force dont personne ne s'aperçoit.

Mon style m'étrangle.

Un style roux. Si les littérateurs ont des couleurs, j'imagine que la mienne est rousse.

Oh ! pouvoir dire : « J'ai fait style neuf ! »

Dieu comprend tout. Il refusera de m'ouvrir la porte du ciel si j'ai fait une faute de français.

STYLE des autres

Le style de Huysmans, c'est comme une brosse dure, et ça gratte, et il y a des crins très gros, très grossiers.

Clarétie et son style humide qui se décolle tout le temps.

Le style des Goncourt. Elles sont encombrées, leurs phrases, de génitifs accouplés, de subjonctifs lourds, de tournures pâteuses qui ont l'air de sortir d'une bouche pleine de salive.

Renan. Son style à respiration lente et calme.

SUCCÈS

Le danger du succès, c'est qu'il nous fait oublier l'incroyable injustice du monde.

C'était un homme aigri... par le succès.

Paul Hervieu. Ratatiné par le succès. Son front et son menton se sont rapprochés. On dirait un gibus ni tout à fait baissé, ni tout à fait levé.

(*Succès*)

Le succès des autres me gêne, mais beaucoup moins que s'il était mérité.

Je cours les dangers du succès. J'espère bien en sortir vainqueur, c'est-à-dire dégoûté.

SUEUR

Les rigoles, les crevasses creusées par la sueur sur son cou.

Perle (de sueur). Elle miroite au bout du nez, ronde, claire et digne d'enrichir l'oreille d'une femme, car ce n'est pas une perle fausse. (2)

SUICIDE

Que de gens ont voulu se suicider, et se sont contentés de déchirer leur photographie !

Monter au ciel par une corde de pendu.

Il se précipita dans l'abîme, laissant, pour s'immortaliser, sa pantoufle sur le bord. Mais personne jamais ne retrouvera la pantoufle.

T

TAILLE

Court, rond, une taille de gerbe. (31)

La taille faite comme par un tailleur.

Femme plate, mais avec des hanches : une taille de violon.

Polaire. Comment fait-elle pour mettre ainsi sa taille dans une alliance ?

Je perds un à un les pouces de ma taille. (14)

TAIRE (Se)

Il vaudrait mieux se taire toujours. On ne dit rien quand on parle. Ou les mots dépassent la pensée, ou ils la diminuent. Que d'aplomb chez les uns ! Que de restrictions de scrupules chez les autres !

Et toujours grandement décolletée, cette femme reste grave. Elle se tait, comme d'autres éclatent de rire, à gorge déployée.

— Oh ! il est très fort, celui-là !
— Ah ! Pourquoi ?
— Il ne dit jamais rien.

TALENT

Le talent, c'est le génie rectifié.

Le talent, c'est comme la richesse : je suis aussi riche que vous, si je dépense moins.

Le talent, c'est comme l'argent : il n'est pas nécessaire d'en avoir pour en parler.

C'est bien assez d'avoir du talent, sans s'occuper de le faire valoir.

Un jeune qui n'a pas de talent, c'est un vieux.

TALENT des autres

Un instant supposez-le mort, et vous verrez, s'il n'a pas de talent !

Un homme qui compte beaucoup sur le talent des autres, afin de pouvoir dire : « J'ai été déçu ».

Capus. Sa petite figure insignifiante. C'est un homme de talent qui se promène toujours incognito.

Alphonse Daudet, ce Zola des familles, doué d'un incontestable talent sur le tutu-pan-pan.

Granier, les seins gonflés de talent.

TALENT (Digression sur le)

Il encourageait les talents...
Il aurait dû faire quelque chose pour le sien. (31)

Du talent : celui-là met bien toutes ses balles dans le carton, mais il ne fait jamais mouche.

A la manière dont il... se fouillait le nez, je vis quel était son genre de talent.

C'est drôle, comme, dès qu'une femme de talent nous dit qu'elle a un mari, ça nous refroidit pour son talent !

Certaines femmes disent qu'elles ne trouvent aucun talent à Guitry de la même façon qu'elles diraient : « Ce monsieur ne m'offre pas de coucher avec moi ».

A quoi bon dire : « Il a » ou « Il n'a pas de talent » ? Quoi qu'on dise, « il n'y a pas de preuves ».

TALENT (Mon)

Quand on me dit que j'ai du talent, on n'a pas besoin de me le répéter : je comprends du premier coup.

Si j'avais du talent, on m'imiterait. Si l'on m'imitait, je deviendrais à la mode. Si je devenais à la mode, je passerais bientôt de mode. Donc, il vaut mieux que je n'aie pas de talent.

TAMANOIR

Le tamanoir avec ses manches à gigot et sa grande queue. Il se fait un cortège à lui tout seul. Il suffit de le regarder pour comprendre ce mot : la fonction crée l'organe.

Le tamanoir, avec une langue comme une aiguille, traîne une queue comme une palme.

TAUPINIÈRE

Taupinières, la chair de poule des prés.

Les galeries gonflées que creusent les taupes et qui zigzaguent à fleur de sol, comme à fleur de peau les veines des vieillards. (23)

Les taupinières y forment un minuscule village de huttes dressées à la mode indienne. (23)

Tiens ? Un porte-monnaie. Non ! C'est une taupe qu'un faucheur a tuée et jetée sur le chemin.

TAUREAU

Le taureau et sa belle tête de tribun populaire.

Un beau taureau qui roulait sa force sur son cou.

Des taureaux qui ne cherchent pas à faire prendre des vessies pour des lanternes.

Un taureau fameux. Il pouvait lancer son homme au ciel ainsi qu'une flèche, avec l'arc de ses cornes. (12)

TEINT

Elle a le teint comme l'ont seules quelques jeunes filles très constipées, un teint qui prend au sang toute sa substance colorante. (11)

La figure couverte de taches ardentes, elle faisait à toute heure l'effet de s'être débarbouillée en gavant, avec du son délayé, des volailles de concours. (30)

Toutes les taches roses de son teint d'homme savamment nourri s'étaient rejointes et n'en formaient qu'une. (6)

TÉLÉPHONE

Fils de la Vierge : téléphones.

Maintenant, il faut lire entre les lignes du téléphone.

TEMPS

Le temps passe par le bout de l'aiguille des heures.

Année, une tranche coupée au temps, et le temps reste entier.

Il a pour lui l'éternité, montre en main.

TEMPS (Perdre son)

Il n'y a que le temps qui ne perde pas son temps.

Je passe l'année à dire qu'il ne faut pas perdre une minute.

(Temps (Perdre son))

L'ennui de faire perdre du temps à un vendeur qui ne trouve pas ce qu'il vous faut.

TEMPS climatique

Temps couleur gris moineau.

Un temps gris, sans soleil, comme si on habitait sous la mer.

Un temps frais, âcre et malsain comme du plâtre délayé.

Il fait un temps, ici, à ne faire que des enfants...
Mais ce sont les mystères de l'alcôve, comme dit Paul. (7)

TERRE (Tremblements de)

Un gouverneur d'une île comme la Martinique voit la terre trembler, se frotte les yeux, pris d'angoisse. On accourt lui dire que c'est un tremblement de terre et que tout un quartier de la ville est enseveli.
— Ah ! dit-il, vous me rassurez. Je croyais que j'avais un étourdissement.

TÊTE

Une tête en pierre de taille de démolition.

Une de ces têtes couleur de son qu'elle semblait avoir ramassée dans le panier de justice.

Une belle tête de vieux financier à la barbe d'argent.

Il a une tête de serpent : il attrape ce qu'il désire.

Sa tête de chat de village brûlée à tous les chenets.

Sa tête qui touche aux poutres servirait de tête de loup pour enlever les toiles d'araignées. (7)

TÊTE (Mouvements de)

Sa tête tourne sur son cou avec la lenteur d'un soleil de jardin.

Il baisse et lève sa grosse tête comme pour remettre un chapeau d'aplomb. (12)

Sa tête ! On dirait qu'il la couche sur son oreiller rembourré avec de la plume d'oies du Capitole.

Sa grosse tête, bouffie, chauve et cuivrée, me fait l'effet d'une cloche dont le battant, soudain, devient fou.

Dresser la tête comme des cerfs qui sentent les chiens.

TÊTE (Ma)

Ma tête biscornue fait péter tous les clichés.

Ma tête est une fleur, mais une fleur montée, et elle doit avoir un fil de fer dans la gorge.

J'ai une tête pareille à la grenouille qui veut se faire aussi grosse que le bœuf.

Comme une cire de coiffeur tournant sur une vis, ma tête se déplace.

TÊTE des autres...

M. D'Aunay. Sa petite tête de fruit confit, à cheveux blancs et à moustache noire, si ce n'est le contraire : je ne sais plus.

Tristan Bernard : une petite tête d'enfant chaude comme une pomme de terre en robe de chambre.

Capus. Son sourire réjouissant. Sa petite tête est comme une bille de billard qui tourne et fait de l'effet sur place.

Claudel. Ses lèvres s'ouvrent comme des éclairs de chaleur. Sa tête est d'un ton cendre. Il a l'air d'avoir brûlé.

Claudel a la tête de son livre, une tête d'or, des traits burinés au charbon.

Georges Hugo, l'air, déjà, d'un vieux beau qui serait maladroit à se faire une tête.

Huret, avec sa tête de grand jars prêt à siffler.

La tête de Bernard Lazard qui remue sans cesse comme un dos d'animal frileux.

Mounet-Sully, avec son gâteau de St-Honoré sur la tête, semble ne faire que des imitations de lui-même.

Schwob a sa tête d'enterrement, une tête lugubre, œil creux, moustache qui pleure, cheveu brouillé.

Willette, avec sa tête de Louis-Philippe avant la gloire.

THÉÂTRE

Le théâtre n'est qu'un jeu qui se donne des airs de vie.

Toutes les pièces de théâtre ont fini par créer un monde à côté de la vie, qui se fait illusion à lui-même et finit par se croire vivant.

Il ne faut point passer plus de temps à parler d'une pièce que l'auteur n'en a mis à l'écrire.

(*Théâtre*)

Ce qu'on appelle une situation neuve au théâtre, c'est une situation impossible.

C'est surtout au théâtre que chacun est responsable de ses actes.

Il y a des pièces en trois actes dont les deux premiers n'ont été faits que pour donner au public le temps de s'asseoir.

Bonnes ou mauvaises, on voit mal les pièces trop bien jouées.

Menteur comme une mise en scène. (7)

THÉÂTRE (Monde du)

Le théâtre est le lieu de l'inconscience. Un auteur qui a le moindre scrupule est perdu. Il y a quelqu'un qui n'aura jamais de billet de faveur : c'est la vérité. Une ouvreuse sourde et aveugle la reconnaîtrait et la flanquerait à la porte.

Au théâtre, personne n'obtient rien de ce qu'il veut, ni des acteurs, ni du décorateur, ni du public, ni de soi-même.
Et ça peut finir par de l'enthousiasme.

Et puis, ne nous lassons pas de le répéter : directeurs, acteurs, auteur, c'est un monde d'aimables fous.

Théâtre. Quand je pense que Dieu, qui voit tout, est obligé de voir ça !

THÉÂTRE (Salle de)

Salle de théâtre vide. Toutes ces gencives nues font mal à voir. Une bouche sans dents.

Toutes ces têtes, vues de la scène ! On dirait des gens jusqu'au cou dans une piscine, et si serrés qu'ils ne peuvent plus nager.

Théâtre. Le cimetière des fauteuils d'orchestre sous la housse. Il ne manque que des têtes.

La timidité du monsieur qui entre le premier dans une salle de théâtre, avant le spectacle.

Aux premières. Théâtre. Ce château de cartes entouré d'un fossé de vagues humaines.

Le rideau se baisse et se relève comme une chemise si complaisamment que toute la salle a l'air de s'éventer. (14)

L'amusant, au théâtre, c'est de sortir aux entractes, de saluer, de serrer des mains, d'entendre des opinions et de s'en faire une moyenne, avec toutes les extrêmes, sans effort, sur la pièce.

THÉÂTRE (Coulisses de)

Le soir d'une première, pour retirer son pardessus des mains d'une ouvreuse comme barricadée dans sa guérite... Il serait plus simple de courir s'acheter un autre pardessus. (27)

Je connais une ouvreuse si peu discrète qu'elle me donne chaque fois l'impression désagréable que j'achète encore mon pardessus. (18)

Je voudrais que Coquelin se trompe pour que le souffleur sorte de sa boîte. (7)

THÉÂTRE (Style au)

Supériorité du vers au théâtre : allez donc vous fâcher contre une sottise qui rime bien !

Ces pièces de vers, ce sont des coques vides, et l'on met Sarah Bernhardt dedans.

Théâtre. Les gros mots sont à la mode. Rien ne termine mieux une belle tirade bruyante qu'un mot énorme. Toute la langue verte y passe. (27)

THÉÂTRE (Particularités du)

Pour faire du théâtre, il faut avoir l'enthousiasme du mensonge.

Une pièce n'est jamais faite, et, quand elle ne se défait pas toute le soir de la première, c'est déjà bien gentil de sa part.

L'action, au théâtre, ils croient que c'est de faire entrer et sortir des gens.

Ces espèces de pièces où c'est la façon dont ce n'est pas dit qui est drôle.

Avec tous les bons actes des mauvaises pièces en trois ou cinq actes qui se jouent en ce moment, on ferait un chef-d'œuvre.

THÉÂTRE (Succès au)

Réussir au théâtre sans la presse, sans les amis ni les ennemis, sans première ni répétition générale, voilà le rêve.

Une pièce est bonne quand on s'y intéresse malgré les répliques, parfaite quand les personnages disent les mots qu'on attend.

Certaines pièces vont à la centaine avec une rapidité qui bouleverse l'honnête notion qu'on peut avoir du temps.

Chaque réplique passe sur les rangs de têtes comme un souffle sur les flammes d'un réchaud.

THÉÂTRE (Échec au)

Il a eu récemment une pièce interdite par le public.

A sa pièce, on lui serra la main comme pour l'enterrement d'un être cher.

Cette pièce est, comme on dit dans les faits divers, un de ces drames malheureusement trop fréquents.

Un franc succès, c'est-à-dire une chute qu'on n'a pas la franchise d'avouer.

Le théâtre X... refuse du monde, oui, mais il en refuse de trop. (14)

La pièce n'a pas réussi à Paris, mais elle marche en province : elle change de ville tous les jours.

Çà et là un four purifie l'auteur à succès. (18)

THÉÂTRE et public

Une première, c'est une pleine salle de gens maladroits qui se gâtent leur plaisir.

On a vu le public aller cent fois à la même pièce pour dire : « Oui, oui, ce n'est pas mal, mais je ne comprends rien au succès de cette pièce-là ! »

Il y a des gens qui ne passent une bonne soirée au théâtre que s'ils peuvent dire : « C'est idiot ».

Le public essaie de rire parce qu'il est là pour rire, mais il use son rire comme une boîte d'allumettes dont pas une ne prend. (14)

— Très gentil, le public, ce soir.
— Oui, d'une indulgence ! (14)

THÉÂTRE et applaudissements

Les mains battent comme un vol d'oiseaux. (26)

Nous poussâmes un gros soupir d'applaudissements.

Théâtre. Nous avons applaudi. Quels battements de mains ! Notre loge retentissait comme un lavoir.

Tu applaudis la pièce d'un jeune avec une sorte de frénésie, sans que tes mains se touchent. (31)

Quand l'insupportable voisin applaudit trop, on a envie de lui dire : « Vous êtes libre, mais si vous continuez, moi, je ne fiche plus rien ! » (18)

Un coup de sifflet avait raison contre mille mains battantes.

La lâcheté des mains quand il faut applaudir.

(*Théâtre et applaudissements*)

Une vingtaine de messieurs, qui battent des mains au commandement d'un gros homme, le chef de claque. Ces claqueurs de métier ont le défaut de ne pas savoir applaudir. Il y aurait plus de rythme dans un lavoir de vieilles femmes. (27)

THÉÂTRE et confrères

Ces pièces d'amis où l'on n'a même pas besoin de faire effort pour s'empêcher de les trouver bien.

Théâtre. Dis toujours à ton ami : « Tu vas avoir un gros succès. » Il ne t'en voudra pas si tu te trompes, s'étant trompé avant toi.

Un auteur dramatique qui fait une pièce ne doit pas aller au théâtre, car il trouve, dans toutes les pièces qu'il voit, quelque chose de la sienne.

Pourquoi demandes-tu des billets de théâtre aux auteurs, puisque tu ne pourras pas leur dire que tu t'es embêté à leur pièce ?

THÉÂTRE et critique

Le brave critique doit aller à son fauteuil avec des œillères comme un bon cheval qui se résigne, ou, si vous aimez mieux, comme un âne.

Théâtre. L'auteur au critique :
— Vous feriez bien mieux d'écrire de bonnes pièces !
— Vous aussi, répond le critique.
L'auteur : — Que pensez-vous de ma pièce ?
Le critique : — Du bien et du mal.
L'auteur : — N'écrivez que les compliments, je lirai les réserves entre les lignes. (18)

— Quelle belle pièce, n'est-ce pas ? dit Ellen Andrée. Ça vous étreint. On souffre. Vous ne trouvez pas ?
— Non, dit Marinette.
— Tiens ? Vous êtes la seule personne qui soit de mon avis.

THÉÂRE (Jugement de)

Quelle belle pièce ! Il faut être joliment mufle dans la vie pour l'écrire !

Quelle jolie pièce, aimable, humaine, généreuse ! On dirait un acte de contrition ! (18)

C'est une pièce qu'on peut éreinter à son aise. Il suffit d'ajouter que le talent de l'auteur n'est pas en cause.

(*Théâtre (Jugement de)*)

Théâtre de Capus : libellules qui dansent sur un grand lac de tristesse.

L'Aiglon : c'est écrasant de beauté et un peu aussi d'ennui. Une pièce où les gens bâilleront d'admiration.

THÉÂTRE (Mon)

Je vaux peu par les pièces que j'écris, beaucoup par celles que je n'écris pas.

Si jamais je fais quelque chose de bien au théâtre, ce sera une comédie de mauvais caractère.

Il y a en moi un homme qui écrirait un acte par jour ; mais je l'ai mis aux fers, dans la cale.

Mon théâtre : une conversation sous un lustre.

Bien peu de femmes dans mes pièces, par économie de fleurs.

TIMIDITÉ

Une belle femme timide. Elle s'en tire en se tenant comme une tour sans porte ni fenêtres apparentes.

Les Legrand-Chabrier, timides, timides. Ils tournent longtemps autour de moi avant de poser.

Vallette raconte qu'étant tout petit, par excès de trouble, il essuyait ses pieds en sortant de chez les gens.

Mon anneau de Cygès qui me rend invisible, c'est ma timidité.

TOIT

Patine du temps sur les toits. On ne voit plus les tuiles, mais une teinture de mousse blanche et jaune, douce à l'œil.

Une couverture piquée de tuiles neuves. Le soleil y joue aux dames.

Le ciel continue l'ardoise du toit.

Immobiles, serrés les uns contre les autres, les toits attendent la neige.

La lune répand une neige égale et fine sur les toits.

Les toits achèvent de pleurer leur pluie.

Lucarnes : les yeux carrés du toit.

TOIT et fumée

C'est l'heure où sur le toit les cheminées prennent des formes humaines.

Un toit que la fumée quitte à regret.

Un toit fume pour se désennuyer.

Hiver. Le toit frissonne dans un cache-nez de fumée.

TOMBE

Cercueil : baignoire mortelle d'où l'on ne sort plus.

Les fleurs deviennent laides sur une tombe, comme de vieilles enseignes de mauvais cabarets.

S'acheter une concession perpétuelle près de la fosse commune.

On tira des coups de fusil dans sa fosse pour lui rendre les honneurs militaires.
— Mais ils vont le tuer ! criait la mère.

Un peu gêné tout de même de se marier si vite avec sa belle-sœur il redouble de soins pieux sur la tombe de sa femme : c'est la mieux entretenue du cimetière.

Un fossoyeur pioche à côté. On dirait qu'il va planter des morts pour qu'il repousse des vivants.

TONNERRE

L'orage joueur de boules derrière la montagne. Après chaque coup de tonnerre, la pluie redouble comme les pleurs après les gros mots.

Déchirure fracassante du coup de tonnerre.

Tonnerre. On entend des pas. Quelqu'un marche, là-haut

La foudre est tombée sur une fabrique de paratonnerres.

TORTUE

La tortue, cette moitié de grosse noix.

La tortue ressemble à une blouse qui sèche sur une corde et ballonnée par le vent.

TOUR D'IVOIRE

Sa tour d'ivoire, quelque arrière-boutique.

Ils se croient dans leur tour d'ivoire parce qu'ils relèvent le col de leur pardessus.

TOURTERELLE

Les tourterelles propres dont le jupon blanc dépasse un peu sous la queue.

La tourterelle verse, par saccades, les roucoulements de sa gorge peinte. (23)

La voix d'une tourterelle, c'est comme si la ménagère râpait dans une casserole, avec une cuiller de bois, un reste de crème brûlée.

TOUX

Elle tousse tout le temps, non par besoin, mais pour faire savoir qu'elle est là.

Fier d'avoir remarqué que, quand une femme pète, tout de suite après elle tousse.

TRADUCTION

La traduction, ce crime des gens malhonnêtes qui, ne connaissant ni l'une ni l'autre langue, entreprennent avec audace de remplacer l'une par l'autre.

Mallarmé, intraduisible, même en Français.

TRAIN

Le train, l'automobile du pauvre. Il ne lui manque que de pouvoir aller partout.

Quand un train passe sur une plaque tournante, les wagons ont l'air d'avoir le hoquet.

Le train passe, et son troupeau de fumées se disperse pour paître par les champs.

Le cheval s'emportant et caracolant, la locomotive eut peur et dérailla.

Le train s'arrête. Il est arrêté depuis quelques secondes que l'homme sans même prendre le temps de se réveiller, descend et ferme la portière.

Un voyageur arrivé dit aimablement :
— Au revoir, mesdames : au revoir, messieurs.
Au revoir ! Où ça ? (18)

A la gare, l'employé :
— Montez, monsieur.
— Après vous, je vous prie.

TRAVAIL

La peur de l'ennui est la seule excuse du travail.

Les moralistes qui vantent le travail me font penser à ces badauds qui ont été attrapés dans une baraque de foire et qui tâchent tout de même d'y faire entrer les autres.

Le travail est un peu une prison : que de jolies choses qui passent il empêche de voir !

Le travail, c'est parfois comme de pêcher dans une eau où il n'y aurait jamais eu de poissons.

La douce mélancolie du travail, le dimanche, quand les autres se promènent.

TRAVAIL (Comportement au)

Il travaille de la tête à la manière d'un bœuf.

Où il travaille le mieux, c'est en chemin de fer, et même en fiacre. Le mouvement agite son cerveau comme un panier d'idées.

Il prit un secrétaire pour se forcer à travailler; pour avoir à lui donner de l'ouvrage.

Oh ! Chaque matin se demander : « Qu'est-ce que je vais faire aujourd'hui ? » Oh ! un travail de Bénédictin ! Avoir une éternité de perles à enfiler.

L'esprit inquiet mais clairvoyant, c'est-à-dire actif et sain, de l'homme qui ne travaille pas.

Il avait la peur du travail, et l'ennui de ne pas travailler.

Dès qu'on ne travaille pas, on a l'impression de n'avoir jamais travaillé.

— Tu travailles ?
— J'essaie de travailler : c'est bien plus difficile.

TRAVAIL et moi

Le travail est un trésor : je le sais par contre-épreuve.

Toute la journée, travaille d'un œil.

J'attends, pour travailler, que mon sujet me travaille.

Travail. Je ne pousse pas ma charrue ; je la traîne.

Entêté à ma table de travail, je ne travaille pas : je fais acte de présence de nègre.

Je suis à ma table de travail comme l'âne dans le box. Je lis et je paresse. Mon esprit mange et rumine.

(*Travail et moi*)

En travaillant, je tâche de siffler un air de labour, comme si je peinais autant qu'un bœuf.

TRICOTER

Le monsieur qui saurait tricoter dans le monde.

Les aiguilles de sa chaussette remuent comme les antennes d'une bête inquiète. (31)

Un mot de vieille femme sur le pas de sa porte, au crépuscule.
— Mais vous n'y voyez plus, ma vieille !
— Je tricote au son de mes doigts.

TRISTESSE

Triste comme une veuve qui regarde par la fenêtre un paysage d'automne.

Triste à voir comme un être cher qui s'enfonce dans le brouillard.

Rostand fait des haltères avec sa tristesse.

Pourtant, je rencontrai un monsieur, aussi triste que moi, si triste que, dans cette rue où il y avait foule, comme deux égarés en pleine campagne, nous nous saluâmes.

TRISTESSE (Ma)

Que de fois, pris d'une tristesse immense, j'ai dit à l'orgue de Barbarie qui jouait dans ma cour : « Encore ! encore... ! »

Tout le jour, je me suis drogué de tristesse.

Dans ma tasse, le café me reflète mes idées noires.

TRUIE

La truie et son troupeau de seins.

Les truies ont sous le ventre un gilet avec double rangée de boutons.

La truie et ses mamelles bien rangées comme des petits pots.

Une truie pleine, rousse et vêtue de saleté. Ses tétines gonflées touchent le sol. Voilà une mère. Elle commande le respect comme ces femmes qui, par ordre du médecin, marchent aux Champs-Élysées, richement vêtues et précédées d'un ventre magnifique.

Un verrat, avec son énorme vessie au derrière.

TUTOYER

Il commençait par tutoyer les gens, les jugeant tous de mince importance, et, quand il les connaissait, qu'il pouvait les estimer, soudain grave, il leur disait « vous ».

C'est une erreur commune de prendre pour des amis deux personnes qui se tutoient.

Capus va se liquéfier en tutoiements et en poignées de main.

V

VACHE

Vache si maigre qu'elle a étendu, comme un drap à sécher, sa peau sur ses os.

La vache se donne doucement le fouet avec sa queue.

Vache. Elle agite sa queue comme un drapeau derrière son pis plein.

La vache. Les cornes pointues comme des fourchettes. Elle mange avec ses joues.

Les vaches font cuire au soleil le café au lait de leur ventre.

Une vache bretonne qu'on a retirée à temps de l'encrier : elle était déjà presque toute noire.

Les vaches ont enfin compris. Le plus rapide des trains ne leur ferait pas perdre une bouchée. (18)

VACHE et son veau

La vache et son petit veau en bois blanc.

Un petit veau qui courait, pendu à sa queue toute droite.

Des petits veaux qui dégringolent, comme renversés d'une boîte à joujoux.

La vache. Bonne mère que ne se lassait pas de lécher son petit tout blanc, plutôt par gourmandise, sans doute, que par maternité ?

VACHES (Traite des)

Les vaches. Pourquoi d'un coup de corne au derrière, ne jettent-elles pas dehors le vacher qui les trait, assis sur son escabeau, et

(*Vaches (Traite des)*)

qui vide leurs tétines deux par deux, comme s'il grimpait avec les mains le long d'une corde ?

Elle tire la vache, une tétine en chaque main, et d'un mouvement alternatif et doux : une, deux ! une, deux !... sonne ainsi l'angélus. (28)

VAGUE

Les petites vagues remuent ce soir comme des lèvres de dévotes. (2)

Vague. L'une d'elles écume, et chien fumant qui montre ses dents, fond sur nous. (11)

On ne voyait pas à quatre vagues devant.

La vague lisse s'illumine
Et rayonne comme des yeux.
Pour ses amants qu'elle fascine
La vague lisse s'illumine.
La lune y promène ses feux
Comme au travers d'une vitrine.
Rayonnante comme des yeux,
La vague glisse, s'illumine. (22)

VANITE

Oh ! les pustules de la vanité !

Notre vanité ne vieillit pas : un compliment, c'est toujours une primeur.

La sympathie éclate surtout entre deux vanités qui ne se contrarient pas encore.

Deux hommes qui ne se connaissent pas sont capables, par amour-propre, de passer l'un à côté de l'autre, dans un désert, sans se saluer.

VANITEUX

L'espèce de petite piquante décharge au cerveau que nous donne la vue de notre nom imprimé dans un journal.

Le casseur de cailloux se dit tailleur de pierre.

Vous dites : « Je suis vaniteux », mais vous l'êtes surtout parce que vous dites que vous l'êtes.

Montesquiou, qui a une figure vieillie et dit : « Très flatté », du bout d'un bec d'oiseau de proie qui ne se nourrirait que de vanités.

(*Vaniteux*)

Gohier, un oiseau se posant sur un arbre et s'imaginant qu'il a créé l'arbre.

VANITE (Ma)

J'ai l'air d'une araignée au centre de mon moi.

Mon nom imprimé dans un journal m'attire comme une odeur.

Chaque fois que le mot « Jules » n'est pas suivi du mot « Renard », j'ai du chagrin.

Vaniteux au point que je supporte mal qu'une femme, en me parlant, garde son chapeau sur sa tête.

Le meilleur interviewer est celui qui dit que j'ai un œil d'aigle et une crinière de lion.

Des jeunes gens de vingt ans ont dit :
— Vous êtes plus fort que La Fontaine.
Quand je répète cela, je dis :
— Ils sont jeunes et candides, mais extraordinairement intelligents pour leur âge.

VENT

Le vent jappe comme un chien.

Le vent à la voix humaine.

Les loups du vent hurlent à ma porte.

Le vent claque dans la nuit comme un drap noir.

Les invisibles lévriers du vent.

Le vent qui grogne ainsi qu'un chien oublié dehors. (23)

VENT (Action du)

Le vent court sur le gazon comme un fer à repasser.

Un vent stupide, qui poussait devant lui, avec une dépense de souffle extraordinaire, deux ou trois petits nuages blancs en forme de lapins.

Le vent passe dans les feuillages sa main invisible.

Il n'y a plus de feuilles, et le vent ne souffle plus que pour faire du chichi.

Le vent qui sait tourner les pages et ne sait pas lire.

VENT et habitations

Le vent pleure toutes ses larmes sur la vitre.

Deux vents, l'un, par la cheminée, l'autre, par la fenêtre, courent l'un contre l'autre et sifflent de rage dans ma chambre.

Le vent qui à la cheminée donne l'air de fumer en courant.

Si le vent souffle fort, il dit que la girouette ne regarde pas à l'ouvrage. (31)

VÉRITÉ

Ce n'est pas le moindre charme de la vérité, qu'elle scandalise.

La vérité n'est pas toujours l'art. L'art n'est pas toujours la vérité, mais la vérité et l'art ont des points de contact : je les cherche.

Un préjugé, c'est une vérité qu'on affirme trop. Il y a des vérités partout, mais il ne faut pas trop y croire, ni surtout y tenir.

Il ne faut pas dire toute la vérité, mais il ne faut dire que la vérité.

Pas si fort ! Vous dites toujours la vérité en criant.

— J'ai soif de vérité.
— Prends garde à l'ivrognerie.

VÉRITÉ dans son puits

Tirer du puits des pleins seaux de vérité.

En sortant leur vérité du puits, les indiscrets répandent l'eau partout.

Vérité. Quelques romanciers la font bien sortir du puits, mais tout de suite ils l'enveloppent dans un tas de couvertures.

VÉRITÉ et mensonges

La vérité sur la terre est au mensonge comme une tête d'épingle à la terre elle-même.

Il n'est pas possible de dire la vérité, mais on peut faire des mensonges transparents : c'est à vous de voir au travers.

Nous rusons afin qu'on nous dise la vérité, mais non sans nous découvrir afin qu'on nous mente.

Dis quelquefois la vérité, afin qu'on te croie quand tu mentiras.

Il disait la vérité sans froisser personne...
Comme tous les menteurs. (31)

VÉRITÉ et moi

La vérité que j'ai tirée de mon puits ne peut pas se dépêtrer de sa chaîne.

Si la vérité est au fond du puits, je me jetterai dans le puits.

Je suis passionné pour la vérité, et pour les mensonges qu'elle autorise.

Comment voulez-vous que je dise l'exacte vérité quand je parle ? J'ai déjà tant de peine à l'écrire !

Puissé-je avoir le courage de raconter aux autres la vérité que je n'ai pas le courage de me dire à moi-même !

VERS

Des vers, c'est de la prose avec des gants et des bretelles américaines ; c'est de la prose qui pose, qui fait plastron comme un invité en soirée.

Le vers est toujours un peu la cage de la pensée.

Un beau vers à douze pieds, et deux ailes.

Par ces temps d'indifférence, de prose abondante, où un beau vers ne rime à rien.

Sonnet : quatorze vers pour une idée.

Oui, beaucoup de culs-de-lampe pour détacher les pièces de vers les unes des autres, car elles se tiennent comme on fait queue au théâtre avec la peur de ne pas entrer Si on allait les confondre !...

VERS et moi

J'ai horreur de la rime, surtout en prose.

Je ne fais pas de vers, parce que j'aime tant les phrases courtes qu'un vers me semble déjà trop long.

Quand j'entends dire des vers, je pousse, en signe d'émotion, un petit sifflement prolongé, comme un serpent à sonnette auquel on donnerait des coups de cravache. (20)

Moi, dis-je, j'ai eu le phylloxera du vers.

VERS des autres

Émile Augier, ses vers en pierres sèches.

C'est un vers de Baudelaire qui étonne et qu'on écoute longtemps en soi-même comme l'écho d'un bruit dans un caveau. (11)

(*Vers des autres*)

Le vers de José-Maria de Heredia, de Leconte de l'Isle : on dirait un cheval de labour qui marche.

Mon cher Moréas, celui qui brise les vers les paie.

Ce qu'on a dû donner à Sully Prudhomme de vases à briser !

Il fit deux vers à côté l'un de l'autre.

VERS LUISANT

Vers luisant : cette goutte de lune dans l'herbe. (12)

Que se passe-t-il ? Neuf heures du soir et il y a encore de la lumière chez lui. (12)

En voilà un qui s'étire et s'allonge comme une vieille nouille. (12)

VERTU

Nos vertus, nous les devons à l'impuissance où nous sommes d'avoir des vices.

Il n'y a pas de vertus nécessaires à tout le monde : il y a des parures qui vont ou ne vont pas à la personne.

Je croyais que c'était une qualité, mais, à entendre vos reproches, je pense que c'est peut-être une vertu.

Mme Lepic. Sa vertu d'honnête femme est une vertu piquée, âcre. Elle garderait un sérail.

VÊTEMENT

Un homme tout en gilet.

Un gilet qui bâille par toutes les boutonnières.

Il avait des manchettes en forme de faux cols. Il ne lui restait qu'à leur mettre une cravate.

Cet homme a autant d'effets sur lui qu'un oignon de pelures.

Tailhade. Pauvre costume qu'il semble avoir fait dans sa prison.

VEUVE

Une belle veuve avec un liséré blanc qui fait bien entre son chapeau noir et ses noirs cheveux.

Veuve inconsolable, pour témoigner que son deuil persiste, elle ne veut se remarier qu'avec quelqu'un qui n'ait pas l'air trop vivant.

Cette veuve qui tâte les hommes en dansant pour se chercher un mari vert. (6)

VICE

Rien n'apprend mieux à généraliser que d'avoir quelques vices.

Il faut entendre maman parler du « vice » !
— J'ai eu mes défauts, j'en ai encore, mais j'ai toujours eu le droit de marcher la tête haute.
— Oui, mais papa cocu aurait peut-être été plus heureux.

VIE

La vie n'est peut-être qu'une maladie, le phylloxera de notre planète.

La vie est ce que notre caractère veut qu'elle soit. Nous la façonnons comme l'escargot sa coquille.

« Dire, soudain mélancolique :
La Vie est une noisette creuse ! »
Aussitôt taper dessus à grand coup de marteau d'enclume, pour voir quand même. (14)

La vie a un petit goût de liqueur fine.

La vie mène à tout, à condition d'en sortir.

VIE (Mystère de la)

Avons-nous une destinée ? Sommes-nous libres ? Quel ennui de ne pas savoir ! Quels ennuis si l'on savait !

Si vous connaissez la vie, donnez-moi son adresse.

Je ne comprends rien à la vie, mais je ne dis pas qu'il soit impossible que Dieu y comprenne quelque chose.

J'écoute aux portes, et même à la serrure, le bruit que fait la vie.

VIE (Amertume de la)

La vie serait insupportable s'il fallait lui demander la permission d'exister. (7)

Sans son amertume, la vie ne serait pas supportable.

Ah ! les culs de bouteille de la vie.

VIE (Conseils de)

Vivre sa pauvre petite vie d'animal un peu privilégié.

Il faut être dans la vie comme le trappeur dans une forêt.

Bien manger, bien dormir, aller où l'on veut, rester où l'on se plaît, ne jamais se plaindre, et, surtout, éviter comme la peste « les principaux monuments de la ville ».

Prendre la vie au sérieux burlesque.

VIEILLE

Vieille : toute la grêle de la vie lui est tombée dessus.

Vieille, tes yeux sont comme un reflet d'étoiles dans une ornière.

Cette petite vieille qui ressemble à une feuille de tabac roulée.

Elle avait l'aspect vieux de certaines femmes encore jeunes.

Elle vivrait ainsi aussi longtemps que le Bon Dieu.

Elle vieillit à vue d'œil : on voit la neige tomber sur ses cheveux.

Vieilles femmes avec leurs jambes de petits ânes.

VIEILLE (Comportements de)

Une vieille toute blanche, qui ne se nourrit que de pain trempé dans du lait.

Vieilles femmes défiantes, immobiles comme des bornes à leur porte.

De vieilles femmes qui sirotent leur conversation.

Assises, immobiles et lasses de parler, les vieilles sèchent là comme un tas de fagots.

Quand la vieille descend de sa calèche, c'est comme si on ouvrait un cercueil.

Vieilles femmes, incapables même de devenir enceintes.

VIEILLESSE

La vieillesse n'existe pas. Du moins ne souffrons-nous pas d'une vieillesse continue à la fin de notre vie : comme les arbres, tous les ans nous avons nos accès de vieillesse. Nous perdons nos feuilles, notre bonne humeur, notre goût de la vie, puis ça revient.

On vieillit peut-être plus vite quand on est mort.

Ne deviens pas vieille qui veut. (13)

VIEILLESSE (Âge de la)

La vieillesse, c'est quand on commence à dire : « Jamais, je ne me suis senti aussi jeune ».

Quand on se réjouit d'être jeune, et qu'on remarque qu'on se porte bien, c'est la vieillesse.

La vieillesse arrive brusquement, comme la neige. Un matin, au réveil, on s'aperçoit que tout est blanc.

Mais, madame, vous n'êtes pas vieille ! Vous êtes au soir de votre vie ; et, le soleil qui se couche, ce n'est pas de la vieillesse.

VIEILLERIES

A quoi bon des objets de souvenir, et même des photographies ? Il est doux que les choses meurent aussi, comme les hommes.

Oh ! les vieilleries ! Vieilles lettres, vieux vêtements, vieux objets dont on ne veut pas se débarrasser. Comme la Nature a bien compris que, tous les ans, elle doit changer de feuilles, de fleurs, de fruits et de légumes et faire du fumier avec les souvenirs de son année !

VIERGE

L'amour d'une vierge est aussi assommant qu'un appartement neuf. Il semble qu'on essuie les plâtres.

Aussi navrant que le « attendez que je mouille » d'une vierge.

Jeune fille, ta feuille de vigne a le phylloxera.

VIEUX

Si vieux qu'il ne sort de sa bouche que des mots qui ont l'air historiques.

La voix des vieillards, qui est une voix sans os, sans arêtes.

Vagabond vieux comme les rues.

Le maître, il est plus vieux aujourd'hui qu'il ne le sera jamais.

VIGNE et vin

La vigne aux bras de vieille.

La vigne. Tous ses ceps, l'échalas droit, sont au port d'armes. Qu'attendent-ils ? le raisin ne sortira pas encore cette année, et les feuilles de vigne ne servent plus qu'aux statues. (12)

Aux treilles se prépare la course en sac des raisins.

Un ancien vinaigre qui a mal tourné et qui est devenu un petit vin très suffisant.

Bonde : le nombril du tonneau.

VILLAGE

Les villages, que ne cachent plus les feuilles, ont l'air de dire . « A la bonne heure ! On respire ! ».

Le village dans son clair de lune comme des meubles sous une housse.

Des villages apparaissent tout nus, que suffiraient à cacher quelques feuilles. Une feuille qui tombe découvre l'horizon.

(*Village*)

Toutes les maisons descendent boire à la rivière. Le village est au bord de l'eau comme un troupeau de bêtes énormes. Le clocher les mène et le village respire.

Dans ce coin du monde qu'est un village, il y a à peu près toute l'humanité.

VIOL

— Mais comment a-t-il pu vous violer ? dit le juge.
— Je me suis baissée.

Tenez-vous loin de moi, pour que je puisse vous respecter.

VIOLETTE

Une violette d'automne est plus qu'une autre modeste ; il faut faire toutes les allées du jardin, se baisser, attraper une courbature avant d'avoir le petit bouquet de violettes d'un sou. (28)

La violette, modeste ? Pas tant que ça ! Elle fleurit la première comme si elle craignait la comparaison.

Toutes les violettes étaient officiers d'Académie !

VISAGE

Capus. Sa petite figure insignifiante. C'est un homme de talent qui se promène toujours incognito.

Moreno. Son profil d'Égyptienne. On la dessinerait au charbon sur un mur.

Ce portrait extraordinaire : on dirait qu'il ne va pas parler.

VISITE

— Monsieur n'est pas là.
— Dites-moi qu'il n'est pas là, mais dites-lui tout de même que je suis ici, et que je veux lui parler.

Il s'apprêtait à dire : « Je viens de la part de Monsieur Un Tel », mais il vit une mine si rébarbative qu'avant d'être assis, il se releva, se couvrit et dit, tournant le dos :
— Je m'en vais de la part de Monsieur Un Tel.

VITESSE

Rapide comme la pensée du zèbre.

Dans les vélodromes de province, ils chronométraient avec leurs pouls.

(*Vitesse*)

Motocyclette de course : une bête de noire ferraille avec deux longues cornes.

VŒUX

Il renvoyait les cartes de visite en mettant : « Vu et Approuvé ».

Je fais des vœux pour vous, mais je souhaite qu'ils ne se réalisent pas.

— Je vous apporte mes vœux.
— Merci. Je tâcherai d'en faire quelque chose.

VOIR

Pour voir, il faut d'abord ôter tout le rococo qu'on a dans les yeux.

Certaines gens voient comme si leurs yeux étaient au bout d'une perche, très loin de leur cerveau.

Coppée a dit exactement ce qu'il voyait mais il ne voyait pas.

VOITURE

De vieilles voitures à capote. Ils sont là-dessous comme dans de vieux porte-monnaie ouverts.

Même en voiture, il a l'air d'aller à pied.

— La voiture est en bas.
— Faites-la monter.

VOIX

Une grande bouche, une petite voix. Figurez-vous un vent coulis qui sortirait par une porte cochère.

De sa voix dure, éclatante et sèche comme un éclat de poudre.

— Sa voix s'égrène en perles fausses qui dégringolent les escaliers. (15)

Une voix à nous dégoûter les oreilles.

Elle a eu la voix prise comme dans une porte.

La guerre au couteau dans la voix : madame Lepic a un sabre.

J'ai connu Victor Hugo. Il aimait beaucoup ma voix, surtout quand il est devenu sourd.

VOIX (Leur)

Clemenceau, ce monsieur qui parle d'une voix saccadée. Ce scalpel ne servait-il pas déjà à couper la carotide aux mammouths ?

(*Voix (Leur)*)

Lucien Daudet. Il parle avec une petite voix de poche au gilet.

Jaurès. Une voix qui va jusqu'aux dernières oreilles, mais qui reste agréable, une voix claire, très étendue, un peu aiguë, une voix, non de tonnerre, mais de feux de salve.
Une gueule, mais le coup de gueule reste distingué.

Georgette Leblanc, Voix qui passe d'un étage à un autre sans se servir de marches.

VOLEUR

Quelque intégrité que nous ayons, on peut toujours nous classer dans une catégorie de voleurs.

Il appartient à une très honorable famille. Comme tous les voleurs.

La clé est sur la porte. Ça ne veut pas dire : « Vous pouvez entrer », mais « Oh ! personne n'entrera. Il n'y a rien à prendre ».
D'un voleur :
— Nous étions amis. Il me connaissait comme ma poche.

VOLONTÉ

La volonté n'est pas loin : nous la sentons derrière la porte. Impossible de la faire entrer.

Qu'est-ce que vous voulez que je fasse ? Est-ce ma faute si je n'ai pas le menton volontaire ?

Ma volonté se ride.

VOYAGE

La mélancolie soudaine de celui à qui l'on dit : « Vous savez que je pars en voyage ? ».

S'il suffisait de se coller un timbre rare sur le dos pour se retrouver à l'étranger !

Il aime beaucoup les voyages. Ce qui l'ennuie, c'est de changer de place.

A quoi bon voyager ! Il y a de la nature, de la vie et de l'histoire partout.

Quelques photographies et une bonne loupe, et je voyage suffisamment.

En voyage, mon plaisir est de regarder et de ne rien voir.

Y

YEUX

Des yeux à peindre, mais par un peintre en bâtiment. Un peintre ordinaire n'y arriverait pas.

Des grands yeux perdus dans les bois, dans une herbe profonde.

Des yeux désordonnés comme des mouches.

Ses petits yeux serrés, comme deux prunes, au pied de son nez.

Des yeux bien fendus qu'on aurait plaisir à enlever avec un tournevis.

Elle se tient raide comme une chaise, le nez remuant, les yeux en têtes d'épingles. (11)

Mme Lepic, les yeux cousus de fil blanc.

YEUX qui louchent

Deux yeux qui ne peuvent pas se voir.

Tailhade. Des yeux qui s'occupent chacun de leur affaire dans une figure trop viandée.

YEUX (Leurs)

Sarah Bernhardt, qui ferme à demi ses petits yeux de lama.

Demolder, un petit pot à tabac. Deux petits yeux éclatants et hors de tête.

Ginisty dont les yeux sont comme des fentes de porte-plume pour mettre la plume.

Schwob a de minces mèches de fouets rouges dans le blanc des yeux.

Les yeux de Verlaine comme écrasés sous la pierre du front.

Verlaine. Il regarde son absinthe avec ses yeux doués de voix.

Z

ZÈBRE

Le zèbre, modèle à transparent de tous les autres zèbres. (12)

ZÉBU

L'énorme zébu suit sa femelle et, de temps en temps, se lève sur ses pattes de derrière et darde une longue flèche rouge qui n'atteint pas son but. Voluptueux spectacle quand on est avec une jolie femme qui rougit un peu.

Index thématique

Les 1 062 thèmes de « *Tout l'Esprit de Jules Renard* » ont été ici regroupés en 92 rubriques, et ceux suivis d'un astérisque font eux-mêmes l'objet d'une rubrique à laquelle se reporter.

ART : artistes, architecture, beauté, chef-d'œuvre, peinture, photographie, sculpture, spectacle, statue.

BIJOUX* : bague, perle.

BOIRE : alcool, ivresse, vigne et vin.

BOIS : bûche, fagot, feu*, arbre*.

BONHEUR : bien-être, heureux, joie*, plaisir*.

BONTÉ : aumônes, cadeau, charité, cœur, générosité.

BOUCHE : dents, langue, lèvres, mâcher, manger, moustache, postillons, voix.

CAMPAGNE : blé, champ, chariot, charrue, faux, ferme, herbe, meule, pays*, paysan, pré.

CARACTÈRE : avare, courage, douceur, égoïsme, faiblesse, franchise, hypocrisie, nerfs, mensonge, paresse, peur, orgueil*, humeur (mauvaise).

CIEL : étoiles (nuages), lune (mer), nuage (lune, soleil) ; intempéries*.

CONVERSATION : avoir raison, discussion, écouter, femme, parler*, téléphone, tutoyer.

CORPS : attitudes (naturel, ridicules), épaule, fesses (derrière), main (doigts), peau (teint, sueur), pieds, poitrine, seins, tête*.
Gras, gros, laideur, nain, petitesse, taille, ressemblance (avoir l'air de).

EAU : bassin, fleuve, mare, mer*, rivière, source.

ÉCHEC (RAISONS D') : adversité, bêtise, faiblesse, malheur, médiocrité, oisiveté, paresse, peur, résignation, timidité, temps (perdre son).

ÉCRIRE : imagination, inspiration, notes, plume, observation, originalité, orthographe, style*.

ÉCRIVAIN : auteur, bas-bleu, classique, confrère, critique, disciple, lettres, homme de lettres, littérateur, nègres, pamphlétaire, plagiat, signature.

ÉLÉGANCE : décolleté, déshabillage, distinction, femme*, fard, habillement, mode.

ESPRIT : comique, drôle, gaiété, histoires, humour, ironie, moquerie, plaisanterie, rire.

ESPRIT (ÉTATS D') : distrait, ennui, joie*, tristesse*.

FAMILLE : enfant, héritage, mère, maternité, père ; amour*.

FEMME : cheveux, élégance*, féminité, grosse, lecture, minceur, miroir, pleurs, poitrine, seins.

FEU : bûche, chat, cheminée, bouillotte, fumée (toit), poêle.

FLEURS : bouton d'or, géranium, lis, marguerite, muguet, rose, violette.

FRUITS : noix, pêche, poire, pomme.

HABILLEMENT : chapeau, cravate, chaussettes, chaussures, chemise, guêtres, pantalon, pardessus, sabots, vêtements ; élégance *.

HOMME ET FEMME : amour *, activité *, caractère *, corps *, échec *, réussite *, famille *, habillement *, intelligence *, nourriture *, qualités et défauts *, vie *, règles de vie *.

HOMME ENVERS LUI-MÊME * : autocritique, âme, conscience, égocentrisme, égoïsme, introspection, médisance envers soi, miroir, solitude (tour d'ivoire).

HOMME SOCIAL * : admiration, agréable, aimable, bonté *, discrétion, estime, franchise, fidélité, honnêteté, juste, politesse *, promesse, sincérité.

HOMME ASOCIAL * : cœur sec, désagréable, envie, indifférence, malhonnêteté, méchanceté, mépris, misogynie et misanthropie.

IDÉE : cerveau, intelligence *, jugement *, pensée (femme), religion , sectarisme.

INSECTES : abeille, araignée, bourdon, chenille, demoiselle, grillon, guêpe, mouche, papillon, puce, sauterelle.

INTELLIGENCE : bêtise, bon sens, compréhension, femme, fou, génie, raison, savoir *.

INTEMPÉRIES * : arc-en-ciel, neige, orage, pluie (arbres, nuage), tonnerre, vent (arbres) ; baromètre.

JOIE : battre des mains, enthousiasme, espérance, gaieté, optimisme, rire.

JUGEMENT : admiration, avoir raison, bon sens, casse-tête, comparaison, crédulité, critique, erreur, étonnement, goût, illusion, incrédulité, intelligence, opinion, vérité.

JUSTICE : assassin, coupable, égalité, innocence, juge de paix, loi, peine de mort, révolte, servitude, voleur.

LÉGUMES : asperge, betterave, chou, oignon, pissenlit, pomme de terre.

LITTÉRATURE : Académie, chef-d'œuvre, écrivain *, éditeur, feuilleton, histoire (passé), journalisme, manuscrit, œuvres, poésie, prose, théâtre, traductions, vers.

LIVRE : bibliophilie, bibliothèque, Larousse, lecture, reliure, roman et nouvelle.

LOISIRS * : chasse, escrime, équitation, fumer, pêche à la ligne (poissons) promenade, voyage (pays).

MAISON : cabinet, cheminée, escalier, fenêtre, girouette, objets *, paratonnerre (lune), serrure, toit (oiseau) ; hôtel.

MARIAGE : adultère, amour*, cocu, divorce, époux, femme, mari, mariage, veuve.

MÉCHANCETÉ : fiel, hypocrisie, ironie, mal, médisance, moquerie, rosserie.

MER : bain, baigneur, bateau, flot, marin, natation, noyade, phare, vague, eau*.

MILITAIRE : fusil, guerre, soldat.

MORT : cimetière, deuil, discours funèbre, enterrement, suicide, tombe.

NATIONALITÉ : France, négresse, Paris, patrie, patriotisme, pays* peuple.

NATURE : air, animaux*, campagne*, ciel*, eau*, horizon (lune, soleil), intempéries*, mer*, montagne, saisons, temps*, température*, terre, végétaux*.

NOM : ancêtres, prénoms, signature.

NOURRITURE* : cuisine, mâcher, manger, pain, réception*, soupe ; boire*.

OBJETS* : cuisine (ustensiles de), fer à repasser, lampe, lanterne, meuble, miroir, montre, poêle.

OISEAU : alouette, bergeronnette, caille, chauve-souris, cigogne, corbeau, coucou, geai, grive, hirondelle, merle, moineau, perdrix, perroquet, pie, pigeon, pivert, tourterelle. Nid, oiseaux de proie (épervier), autruche, flamant, pélican, volailles*.

ORGUEIL : fièrté, prétention, vanité.

PARLER : bavard, discours, éloquence, femme, langage (femme), langues étrangères, obscénité, silence, voix.

PAUVRETÉ : aumônes, mendiant, misère.

PAYS : campagne*, château, jardin, murs, parc, paysage, route, rue.

POLITESSE : compliments, main tendue, relations*, salut, vœux.

POLITIQUE : colonies, conseil municipal, gouvernement (hommes de), militaire*, nationalité*, pamphlétaire, société*.

PROFESSIONS* : concierge, couture (fer à repasser, tricoter), critique domesticité, écrivain*, facteur, laveuse, musicien (artistes), naturaliste, ouvrier, paysan, peintre, poète, sculpteur.

RELATIONS : ami, fréquentation, importun, invitation, mondanité, politesse*, visite.

RELIGION : athée, âme immortelle, au-delà, bigote, christianisme croyance, communion, curé, Dieu, église (clocher, lune), foi incroyance, libre-penseur, morale, paradis, péché, traitre, prière.

RÉUSSITE : argent*, arrivisme, célébrité, chance, décoration, espérance, génies, gloire (postérité), grands hommes, noms illustres, succès.

RÉUSSIR (QUALITÉS POUR) : ambition, dons, enthousiasme, expérience, force, habileté, intelligence*, intérêt, mérite, omniprésence, principes, prudence, projets, résolution, volonté.

SAISONS* : automne, hiver, printemps.

SANTÉ : douleur, maladie, médecin, médecine, migraine, toux.

SAVOIR : calcul, études, ignorance, intelligence*, jugement*, langues étrangères, mémoire, mystère, savant.

SEXUALITÉ* : amour physique*, courtisane, époux, grue, obscénités, privautés, prostitution, viol.

SOCIÉTÉ* : bourgeois, collectivisme, socialisme, foule, loi, nationalité*.

SPECTACLE* : chant (voix), danse, musique, théâtre (acteurs, actrices).

STYLE : concision, écrire*, image, mot, phrase, prolixité, théâtre.

TEMPS (DURÉE) : dimanche, jour, heure, infini, matinée, nuit, soir.

TEMPÉRATURE* : froid (eau, gelée, chaleur) ; rosée et brouillard.

TÊTE : bouche*, cerveau (cervelle, crâne, mémoire), cheveux (calvitie), cou, joue (barbe), nez, oreille (sourd), rides, visage*, yeux*.

TRANSPORTS* : automobile, train, voiture, voyage ; vitesse.

TRISTESSE : chagrin, dégoût, ennui, larmes, mélancolie, neurasthénie, pleurs.

VISAGE : face, figure, ressemblance ; teint, pâleur, rougir, sourire.

VÉGÉTAUX* : champignon, chardon, jonc, plantes, roseau, rosier, vignes ; arbre (bois), fleurs, fruits, légumes.

VIE : existence, naissance, mort, rêve, rêveries, réveil, sommeil ; mystère.

VIE (RÈGLES DE) : idéal, morale, mœurs, principes, religion.

YEUX : cils, œil, myopie, regard, sourcil, voir.

Index des noms

Les principaux écrivains et artistes cités à l'occasion d'une particularité de physionomie, allure, habillement, élocution ou comportement sont suivis entre parenthèses des thèmes où les retrouver.

Achevé d'imprimer
le 24.7.87
par Printer Industria
Gráfica S.A.
08620 Sant Vicenç dels Horts 1987
Depósito Legal B. 27087-1987
Pour le compte de
France Loisirs
123, Boulevard de Grenelle,
Paris

Numéro d'éditeur : 12730
Dépôt légal : août 1987
Imprimé en Espagne

